스포츠트레이너
어떻게
되었을까?

꿈을 이룬 사람들의 생생한 직업 이야기 21편
스포츠트레이너 어떻게 되었을까?

1판 4쇄 펴냄 2023년 11월 17일

펴낸곳	㈜캠퍼스멘토
저자	이가은
책임 편집	이동준 · 북커북
진행 · 윤문	북커북
디자인	㈜엔투디
커머스	이동준 · 신숙진 · 김지수 · 김연정 · 강덕우 · 박지원 · 송나래
교육운영	문태준 · 이동훈 · 박흥수 · 조용근 · 정훈모 · 송정민
콘텐츠	오승훈 · 이경태 · 이사라 · 박민아 · 국회진 · 윤혜원 · ㈜모야컴퍼니
관리	김동욱 · 지재우 · 윤영재 · 임철규 · 최영혜 · 이석기
발행인	안광배

주소	서울시 서초구 강남대로 557 (잠원동, 성한빌딩) 9층 (주)캠퍼스멘토
출판등록	제 2012-000207
구입문의	(02) 333-5966
팩스	(02) 3785-0901
홈페이지	http://www.campusmentor.org

ISBN 978-89-97826-32-2 (40690)

현직
스포츠
트레이너들을
통해 알아보는
리얼 직업
이야기

스포츠트레이너
어떻게

How did they become
Sports Trainers?

되었을까?

CampusMentor
캠퍼스멘토

SK 와이번스
프로야구팀
김기태 컨디셔닝 코치

· 현) SK와이번스 프로야구팀 컨디셔닝 코치
· 전) 국군체육부대 상무농구팀 트레이너
· 전) 14' 인천아시안게임 세팍타크로
국가대표팀 트레이너

루지 국가대표팀
김한나 의무 트레이너

· 현) 루지 국가대표팀 의무 트레이너
· 전) 태권도 국가대표팀 의무 트레이너
· 전) R&C sports center(김진섭 정형외과)
근무

부산시
장애인체육회
안치훈 장애인생활체육지도자

· 현)부산광역시장애인체육회 장애인생활체육지도자
· 현)올바른 특수체육교실 운영
　　(부산, 경남지역 특수체육 출강)
· 현)부산종합사회복지관 자립전환지원센터
　　특수체육전담(장애인, 비장애인 통합)
· 현)부산장애인육상연맹 육상 코치
· 현)부산육상연맹 육상 심판
· 전)한국과학창의재단 특수체육교실 팀장
· 전)코이카봉사단(네팔) 체육교육 팀장

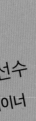

퍼스널 트레이너,
피지크(보디빌딩) 선수
박은성 퍼스널 트레이너

- 현) 피트니스팜 PT매니저
- 전) 로드짐 PT매니저
- 전) 맥스짐 휘트니스 팀장

하모니 트레이닝 센터
최윤경 메디컬 트레이너

- 현) 현 하모니트레이닝센터 수석트레이너
  (전 더본병원 운동센터)
- 전) 박병원 트레이너
- 전) 평택보건소 대사질환사업 강사

우리카드 위비
프로배구단
윤병재 트레이너

- 현) 우리카드 위비 프로배구단 트레이너
- 전) 유스올림픽 필드하키 의무 트레이너
- 전) 광주대 여자농구부 트레이너
- 전) 부천북고 럭비부 트레이너
- 전) KSPO 실업사이클팀 파견 트레이너

Chapter 2

스포츠트레이너의 생생 경험담

Chapter 3

예비 스포츠트레이너 아카데미

CHAPTER

| 1 |

스포츠트레이너

어떻게
되었을까
?

스포츠트레이너란?

—

스포츠트레이너는

체력을 증진하고 체력을 단련하도록 개인 또는 단체의 운동을
지도하거나 운동선수들이 경기에서 최상의 운동 능력을 발휘할
수 있도록 신체 상태를 점검하고 트레이닝을 시킨다.

스포츠트레이닝이란?

트레이닝이란 '연습' 또는 '훈련'이란 뜻을 가지고 있다. 일반적으로 운동을 통해 신체의 형태, 기능을 높은 수준으로 증진시키거나 발달시키는 계획적인 과정을 뜻한다. 운동선수의 경우 경기력을 향상시키기 위해 필요한 연습이나 훈련을 경기에 앞서 하는 것을 뜻한다.

트레이닝의 효과를 얻기 위해서는 일정 수준 이상 강도의 운동을 유지해야 하지만 개개인의 신체의 특성에 맞지 않는 운동이나 과도한 운동은 좋지 않은 결과를 만들기도 한다. 따라서 트레이닝을 할 때는 개개인의 신체 특성과 체력, 연령, 목적 등을 고려하는 것이 중요하다.

스포츠트레이닝의 종류

01 웨이트 트레이닝(Weight Training)

근육을 발달시키고 강한 체력을 기르기 위한 트레이닝을 말한다. 자신의 체중을 이용하거나 덤벨, 바벨 등 각종 소도구나 기구 등을 이용해 중량으로 저항 부하를 걸어서 하는 트레이닝이다.

02 서킷 트레이닝(Circuit Training)

종합적인 체력 향상 트레이닝을 말한다. 우리말로는 순환 운동이라고 하며 근력 운동과 유산소 운동을 함께 한다. 여러 가지 체력 부하 방식의 운동을 조합한 하나의 세트로 트레이닝을 한다.

03 레피티션 트레이닝(Repetitions Training)

스피드 향상, 근력의 조화, 산소부채능력(인체가 운동 중에 빚진 산소 부족분을 운동 후에 갚을 수 있는 능력) 향상을 주목적으로 하며 높은 강도의 운동을 충분한 휴식을 취하며 반복적으로 실시하는 훈련 방법을 말한다. 반복 훈련이라고도 한다.

04 인터벌 트레이닝(Interval Training)

지구력이나 스피드를 기를 수 있는 트레이닝으로 주로 육상경기나 수영경기의 중, 장거리 연습에 쓰이는 훈련 방법이다. 높은 강도의 운동 사이에 불완전한 휴식을 넣어 운동을 반복하는 신체 트레이닝 방법을 말한다. 강도 높은 운동을 한 뒤 충분히 쉬지 않는다는 것이 특징이다.

스포츠트레이너의 분류

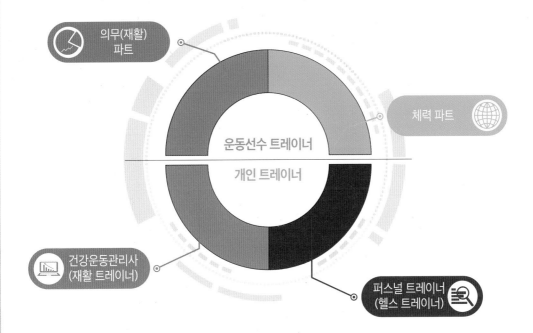

의무(재활)
파트

체력 파트

운동선수 트레이너

개인 트레이너

건강운동관리사
(재활 트레이너)

퍼스널 트레이너
(헬스 트레이너)

운동선수 트레이너

아마추어 운동선수 또는 직업 운동선수들이 경기에서 최상의 컨디션과 능력을 발휘할 수 있도록 선수의 상태를 점검하고 트레이닝을 시키는 사람을 말한다.

운동선수 트레이너는 부상 관리와 재활을 담당하는 의무(재활) 파트 트레이너와, 선수의 체력 관리를 위한 체력 파트 트레이너로 구분할 수 있다.

하지만 국내는 소수의 프로구단을 제외하면 업무 분담이 정확히 되어 있는 경우가 아직까지는 매우 드문 상황이다. 운동선수 트레이너는 팀 내에서 다양한 역할을 소화해야 하는 만큼 트레이너와 감독, 코칭스태프들과의 호흡이 중요하다.

■ 의무(재활) 파트

의무(재활) 파트 트레이너는 선수들의 부상 관리는 물론 감기와 같은 위생 관리에도 신경을 써야하며 재활, 치료, 부상 평가 등을 담당한다. 운동선수의 부상을 예방하기 위해 마사지를 하거나 안전 교육을 실시하고, 경기 전후에 운동선수의 스트레칭, 테이핑, 치료를 도와 훈련이나 경기에 나갈 수 있는 몸 상태를 만들어주는 일을 한다.

또한 경기 중에는 항상 부상에 대비해야 하고 경기 도중 선수가 부상을 입었을 때는 상처의 소독, 붕대를 감아주는 일과 같은 응급조치를 취하며, 경기 이후에 부상이 있는 선수와 함께 병원을 방문하여 의사의 진단 결과에 따라 선수가 다음 경기에 대비할 수 있도록 재활 훈련을 계획하고 실행한다.

주로 스포츠의학, 물리치료 등 의료보건계열 학과 출신의 스포츠트레이너들이 의무(재활) 파트를 담당한다.

■ 체력 파트

체력 파트 트레이너의 주요 임무는 운동선수의 체력 관리와 웨이트 트레이닝, 준비 운동, 스트레칭 등을 돕고, 선수가 경기에서 최상의 결과를 낼 수 있도록 도움을 주는 것이다.

종목, 선수의 포지션, 선수 개인의 기량에 따라 감독, 코칭스태프와 협의하여 필요한 능력을 향상시킬 수 있는 체력 단련과 운동을 지시한다. 선수에 따라 체중을 조절할 수 있도록 식이요법을 권고하거나 훈련을 계획하고 실행하기도 한다.

선수의 포지션과 신체 상태에 맞춰 부족한 부분을 보강하고 부상을 예방할 수 있도록 프로그램을 제시한다.

주로 체육학과 출신, 운동선수 출신의 스포츠트레이너가 체력 파트를 담당한다.

2 개인 트레이너

개인의 신체 상태에 맞는 적절한 운동을 계획하고 실행할 수 있도록 도움을 주거나, 아프지 않게, 이전처럼 정상적으로 운동을 할 수 있도록 하는 트레이너를 말한다.

■ 건강운동관리사(재활 트레이너)

건강운동관리사는 개인 또는 환자의 신체 상태, 질병의 특성에 따라 운동 치료 계획을 세우고 환자에게 맞는 운동 방법을 처방하며 지시한다. 의사의 진단에 따라 진료 기록을 검토하고 면담을 통해 처방받은 운동을 지도하고 기초체력 검사(혈압, 체성분 검사 등), 운동능력 검사(심전도, 대사량 측정 등)를 수행하는 역할을 하기도 한다. 다양한 검사 결과를 종합적으로 검토해 운동을 통한 재활계획을 세우고 환자에게 운동 방법, 운동량, 주의 사항 등 재활 운동에 관련한 내용들에 도움을 준다. 주로 스포츠센터나 병원의 클리닉센터 등에 근무하며 전문의와 함께 올바른 운동 방법을 연구한다.

■ 퍼스널 트레이너(헬스 트레이너)

헬스클럽 등에서 개인 또는 단체의 체력과 건강을 증진시킬 수 있도록 운동을 지도한다. 운동 의학적 지식을 활용하여 개인의 신체 특징, 환경, 운동의 목적 등을 파악하고 적절한 운동 방법을 개발하고 지도한다. 각종 운동 기구의 사용법과 적절한 횟수, 무게, 운동의 방법 및 자세 등에 대해 지도한다. 각종 측정 기구를 이용하여 개인 또는 단체의 운동 성과를 평가하거나 운동 목표에 도달할 수 있도록 지속적인 관리를 도와준다.

스포츠트레이너의 자격 요건

어떤 특성을 가진 사람들에게 적합할까?

- 트레이닝을 담당하고 있는 관련 종목에 대한 지식과 다양한 기술을 알고 있어야 하며, 선수를 이끌수 있는 지도력과 통솔력, 의사소통능력이 요구된다.
- 선수들의 체력과 체중을 효과적으로 관리할 수 있는 다양한 운동 방법 및 스포츠와 관련된 의학 지식이 요구된다.
- 선수들의 기량과 능력에 따라 운동량과 식이요법을 지시할 수 있는 분석력과 판단력이 요구된다.
- 사회형과 현실형의 흥미를 가진 사람에게 적합하다.

※ 출처: 커리어넷

스포츠트레이너의 하는 일

- 스포츠트레이너는 운동선수들의 건강 상태를 확인하고 선수들이 경기에서 최상의 컨디션을 발휘할 수 있도록 조언하고 훈련을 시키는 일을 한다.
- 운동감독 및 코치와의 협의를 통해 운동 종목, 선수들의 포지션과 선수 개인의 기량에 따라 필요한 운동량을 결정하고 근육 단련을 위해 규칙적인 운동과 식이요법을 지시한다.
- 부상을 당한 선수들에 대해 응급조치를 취하며 의사의 진단 결과에 따라 재활 훈련을 계획하고 실시한다.
- 선수들의 부상을 예방하기 위해 선수들의 몸을 마사지하고 안전 교육을 실시한다.

※ 출처: 커리어넷

스포츠트레이너와 관련된 특성

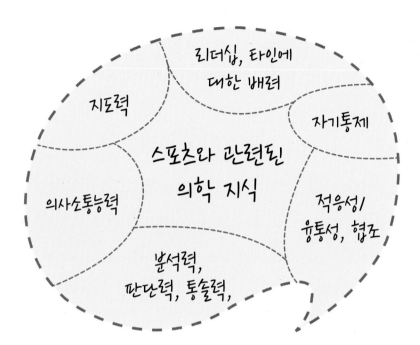

리더십, 타인에 대한 배려

지도력

자기통제

스포츠와 관련된 의학 지식

의사소통능력

적응성/ 융통성, 협조

분석력, 판단력, 통솔력,

Q "스포츠트레이너에게 필요한 자격 요건에는 어떤 것이 있을까요?"

톡(Talk)!
김기태

팀의 어머니가 되어야 해요.

팀 트레이너, 스포츠트레이너들은 보통 그 팀의 어머니라고 불립니다. 선수들을 자식처럼 다 보살펴 줘야 하기 때문이에요. 다치면 치료도 해줘야 하고, 아프지 않게 관리도 해줘야 하고, 올바르게 크게끔 관리를 해야 해서 팀의 어머니라고 불리죠. 실제로 팀 트레이너에게는 나보다는 선수를 우선으로 여기는 어머니의 희생정신이 필요하다고 생각합니다.

그리고 담당 선수의 인생을 책임지고 성공시켜야겠다는 책임감, 꾸준히 관련 지식을 쌓으며 공부할 수 있는 성실함도 필요해요. 여기에 코치와 선수 사이에서 중간다리 역할을 하며 관계를 조율할 수 있는 의사소통 능력도 갖추어지면 더욱 좋겠죠.

톡(Talk)!
박은성

자만하지 않고 겸손해야 합니다.

일단 이해심과 배려심이 깊어야 한다고 생각합니다. 그리고 자만하지 않는 겸손함을 가지고 있어야 한다고 생각해요. 자만심이 있거나 자기 자신에게 만족도가 높아서 '난 이 정도 하면 돼, 트레이너로서 이 정도면 됐어.'라고 생각하지 않았으면 좋겠어요. 그보다는 자꾸 배우려고 하는 자세를 가져야 하죠. 배웠어도 계속 부족하다고 생각하고 자꾸 발전하려고 하는 자세가 필요합니다.

관심으로 시작해야 하죠.

장애인생활체육지도자는 우선 특수체육에 대한 관심이 정말 많아야 해요. 관심으로 시작을 하면 그때부터는 본인이 뿌듯함을 느끼는 일도 생기고, 보람을 느끼는 계기도 생길 거고요. 이 직업은 확 타오르는 것과는 거리가 멀다고 생각하기 때문에, 이 분야에 대한 궁금증과 호기심을 꾸준히 유지하는 사람에게 적합하지 않을까 합니다. 그리고 마음이 넓어야겠죠. 장애인생활체육지도자가 장애인 친구들을 이해하는 데는 단 하루가 걸릴 때도 있지만, 2~3년이 걸릴 때도 있거든요. 정말 기다림이 많은 직업이기 때문에 인내를 잘 할 수 있는 사람이 적합할 것 같습니다.

중재를 잘 할 수 있는 사람이어야 합니다.

제 생각엔 중재를 잘할 수 있는 사람이면 좋을 것 같아요. 왜냐하면 스포츠트레이너는 약간 교집합적인 성향을 띠는 역할을 하거든요. 코치진에도 속해있으면서 선수들과도 가까워야 하죠. 중간에 위치해 있다고 할 수 있어요. 그래서 이쪽 편만 들 수도 없고, 저쪽 편만 들 수도 없고, 적절히 가운데서 잘 중재할 수 있는 사람이어야 한다고 생각합니다. 중재를 하는 건 사실 가장 힘든 부분이기도 해요. 그래서 코치님과 있을 때는 선수에 대한 불만도 같이 이야기해주고, 선수와 있을 때는 코치님에 대한 불만도 같이 이야기해주는 역할이 되어야 하죠. 그런 유연한 사람이 좋을 것 같아요. 예민한 사람은 좀 힘들 수도 있겠다 싶어요.

상대방을 편하게 해 줄 수 있어야 해요.

남을 잘 이해해 줄 수 있어야 하고, 상대방을 편하게 해줄 수 있는 대화 스킬도 필요해요. 그리고 진심이요. 회원 분들도 다 알더라고요. 영혼 없이 '아, 그렇구나', '아 그래요?' 하고 반응하면 진심이 없다는 것을 다 아세요. 그래서 진심을 다해 한 명 한 명을 대하는 것이 중요하죠.

과묵함이 필요합니다.

스포츠트레이너는 튀지 않고 무던하고, 무난한 성격이 제일 좋다는 생각이 듭니다. 선수들과 있다 보면 선수들의 개인 이야기나 팀 내부의 이야기도 많이 하게 돼요. 팀 스태프 중에서도 특히 트레이너가 선수들과 가장 오랜 시간을 같이 하고, 선수들의 개인 사생활이나 고민도 함께 이야기할 수 있게 되죠. 특히 치료실이나 테이핑실에서 많은 이야기를 하게 되는데, 그럴 때 팀에 관한 이야기들을 한 귀로 듣고 한 귀로 흘릴 수 있는 과묵함도 중요한 것 같아요. 말을 조심해야 할 때도 있죠. 물론 선수들의 말에 귀를 기울일 수 있는 세심한 성격도 필요한 것 같아요. 이건 다른 팀도 다 마찬가지일 거라고 생각해요.

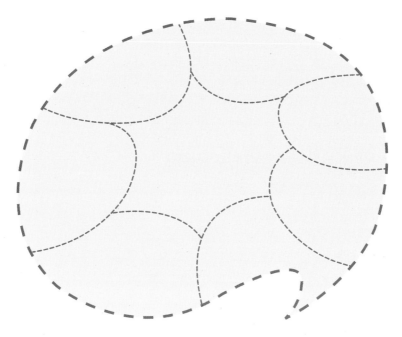

내가 생각하고 있는 스포츠트레이너의
자격 요건을 적어 보세요!

스포츠트레이너가 되기 위한 자격증

  현재 국내에 스포츠트레이너가 되기 위한 정식 코스는 따로 존재하지 않기 때문에 스포츠트레이너가 되는 데 있어 자격증이 필수 요소는 아니다. 하지만 스포츠트레이너들의 업무 특성상, 전문화된 지식이 필요하기 때문에 많은 스포츠트레이너들이 국민체육진흥공단에서 취득할 수 있는 관련 국가자격증을 취득하거나, 사설 협회 교육을 이수하고 관련 자격증을 취득하며 각종 연수를 받기도 한다.

국민체육진흥공단 국내 국가자격증
1급 전문스포츠지도사
2급 전문스포츠지도사
건강운동관리사
1급 생활스포츠지도사
2급 생활스포츠지도사
유소년스포츠지도사
노인스포츠지도사
1급 장애인스포츠지도사
2급 장애인스포츠지도사

국내 민간자격증
대한체육운동사협회(KACEP) 운동사
대한선수트레이너협회(KATA) 선수트레이너 ATC
대한체력코치협회(KCA) 체력코치지도자

해외 자격증
NSCA - CSCS, CPT
FMS(Functional Movement Screen)

국민체육진흥공단 국내 국가자격증

응시자격 ┃ 공통사항

- 각 요건 중 어느 하나에 해당되는 자격 구비 및 서류 제출
- 만 18세 이상 응시 가능

자격검정 ┃ 합격기준

- 필기시험: 과목마다 만점의 40% 이상 득점하고 전 과목 평균 60% 이상 득점
- 실기·구술시험: 실기시험과 구술시험 각각 만점의 70% 이상 득점
  ※ 실기시험에 합격한 사람에 한하여 구술시험에 응시할 수 있음을 원칙으로 하되, 자격종목 및 현장 상황 등을 고려하여 자격검정기관이 정한 바에 따라 실기 및 구술시험을 통합 시행한 후 합격 및 불합격 결정 가능(수수료는 환불하지 않음)

전문스포츠지도사

자격 ┃ 정의

'체육지도자'란 학교 · 직장 · 지역사회 또는 체육단체 등에서 체육을 지도할 수 있도록 국민체육진흥법에 따라 해당 자격을 취득한 사람을 말한다.

자격종목 - 전문스포츠지도사(55개 종목)

검도, 골프, 궁도, 근대5종, 농구, 당구, 럭비, 레슬링, 루지, 봅슬레이 스켈레톤, 바이애슬론, 배구, 배드민턴, 보디빌딩, 복싱, 볼링, 빙상, 사격, 사이클, 산악, 세팍타크로, 소프트볼, 수상스키, 수영, 수중, 스쿼시, 스키, 승마, 씨름, 아이스하키, 야구, 양궁, 역도, 요트, 우슈, 유도, 육상, 인라인롤러, 정구, 조정, 체조, 축구, 카누, 컬링, 탁구, 태권도, 테니스, 트라이애슬론, 펜싱, 하키, 핸드볼, 공수도, 택견, 댄스스포츠, 에어로빅

1급 전문스포츠지도사

필기시험과목 (4과목)

운동상해	체육측정평가론	트레이닝론	스포츠영양학

2급 전문스포츠지도사

필기시험과목 (7과목 중 5과목 선택)

스포츠심리학	운동생리학	스포츠사회학	운동역학
스포츠교육학	스포츠윤리	한국체육사	

🔋 건강운동관리사

자격	정의

'건강운동관리사'란 개인의 체력적 특성에 적합한 운동형태, 강도, 빈도 및 시간 등 운동수행 방법에 대하여 지도·관리하는 사람을 말한다.

※의사가 의학적 검진을 통하여 건강증진 및 합병증 예방 등을 위하여 치료와 병행하여 운동이 필요하다고 인정하는 사람에 대해서는 의사의 의뢰(「의료기사 등에 관한 법률 시행령」제2조제1항제3호의 신체교정운동 및 재활훈련은 제외한다)를 받아 운동 수행방법을 지도·관리함

필기시험과목 (8과목)

필기시험과목 (8과목)

기능해부학(운동역학 포함)	운동생리학	스포츠심리학	건강·체력평가
운동처방론	병태생리학	운동상해	운동부하검사

🏋 생활스포츠지도사

자격 / 정의

'체육지도자'란 학교·직장·지역사회 또는 체육단체 등에서 체육을 지도할 수 있도록 국민체육진흥법에 따라 해당 자격을 취득한 사람을 말한다.

자격종목 - 생활스포츠지도사(57개 종목)

검도, 게이트볼, 골프, 복싱, 농구, 당구, 라켓볼, 럭비, 레슬링, 레크리에이션, 리듬체조, 배구, 배드민턴, 보디빌딩, 볼링, 빙상, 자전거, 등산, 세팍타크로, 수상스키, 수영, 스킨스쿠버, 스쿼시, 스키, 승마, 씨름, 야구, 에어로빅, 오리엔티어링, 요트, 우슈, 윈드서핑, 유도, 인라인스케이트, 정구, 조정, 축구, 카누, 탁구, 태권도, 테니스, 행글라이딩, 궁도, 댄스스포츠, 사격, 아이스하키, 육상, 족구, 철인3종경기, 패러글라이딩, 하키, 핸드볼, 풋살, 파크골프, 양궁, 펜싱, 합기도

※ 전문스포츠지도사가 생활스포츠지도사, 유소년스포츠지도사 또는 노인스포츠지도사 자격을 취득하려는 경우 사이클과 자전거, 산악과 등산, 수중과 스킨스쿠버, 트라이애슬론과 철인3종경기, 인라인롤러와 인라인스케이트는 동일한 종목으로 본다.

1급 생활스포츠지도사

필기시험과목 (4과목)

운동상해	체육측정평가론	트레이닝론	건강교육론

2급 생활스포츠지도사

필기시험과목 (7과목 중 5과목 선택)

스포츠심리학	운동생리학	스포츠사회학	운동역학
스포츠교육학	스포츠윤리	한국체육사	

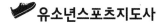 **유소년스포츠지도사**

자격 **정의**

'유소년스포츠지도사'란 유소년(만3세부터 중학교 취학 전까지를 말함)의 행동양식, 신체발달 등에 대한 지식을 갖추고 해당 자격종목에 대하여 유소년을 대상으로 체육을 지도하는 사람을 말한다.

필기시험과목 (5과목)

필기시험과목 (5과목)

필수(1)	유아체육론			
선택(4)	스포츠심리학	운동생리학	스포츠사회학	운동역학
	스포츠교육학	스포츠윤리	한국체육사	

자격종목 - 유소년스포츠지도사(60개 종목)

검도, 게이트볼, 골프, 복싱, 농구, 당구, 라켓볼, 럭비, 레슬링, 레크리에이션, 리듬체조, 배구, 배드민턴, 보디빌딩, 볼링, 빙상, 자전거, 등산, 세팍타크로, 수상스키, 수영, 스킨스쿠버, 스쿼시, 스키, 승마, 씨름, 야구, 에어로빅, 오리엔티어링, 요트, 우슈, 윈드서핑, 유도, 인라인스케이트, 정구, 조정, 축구, 카누, 탁구, 태권도, 테니스, 행글라이딩, 궁도, 댄스스포츠, 사격, 아이스하키, 육상, 족구, 철인3종, 패러글라이딩, 하키, 핸드볼, 풋살, 파크골프, 줄넘기, 플라잉디스크, 피구, 양궁, 펜싱, 합기도

※전문스포츠지도사가 생활스포츠지도사, 유소년스포츠지도사 또는 노인스포츠지도사 자격을 취득하려는 경우 사이클과 자전거, 산악과 등산, 수중과 스킨스쿠버, 트라이애슬론과 철인3종경기, 인라인롤러와 인라인스케이트는 동일한 종목으로 본다.

土 노인스포츠지도사

'노인스포츠지도사'란 노인의 신체적·정신적 변화 등에 대한 지식을 갖추고 해당 자격 종목에 대하여 노인을 대상으로 생활체육을 지도하는 사람을 말한다.

필기시험과목 (5과목)

필기시험과목 (5과목)

필수(1)	노인체육론			
선택(4)	스포츠심리학	운동생리학	스포츠사회학	운동역학
	스포츠교육학	스포츠윤리	한국체육사	

자격종목 - 유소년스포츠지도사(60개 종목)

검도, 게이트볼, 골프, 복싱, 농구, 당구, 라켓볼, 럭비, 레슬링, 레크리에이션, 리듬체조, 배구, 배드민턴, 보디빌딩, 볼링, 빙상, 자전거, 등산, 세팍타크로, 수상스키, 수영, 스킨스쿠버, 스쿼시, 스키, 승마, 씨름, 야구, 에어로빅, 오리엔티어링, 요트, 우슈, 윈드서핑, 유도, 인라인스케이트, 정구, 조정, 축구, 카누, 탁구, 태권도, 테니스, 행글라이딩, 궁도, 댄스스포츠, 사격, 아이스하키, 육상, 족구, 철인3종, 패러글라이딩, 하키, 핸드볼, 풋살, 파크골프, 그라운드 골프, 양궁, 펜싱, 합기도

※전문스포츠지도사가 생활스포츠지도사, 유소년스포츠지도사 또는 노인스포츠지도사 자격을 취득하려는 경우 사이클과 자전거, 산악과 등산, 수중과 스킨스쿠버, 트라이애슬론과 철인3종경기, 인라인롤러와 인라인스케이트는 동일한 종목으로 본다.

♥ 장애인스포츠지도사

'장애인스포츠지도사'란 장애유형에 따른 운동방법 등에 대한 지식을 갖추고 해당 자격종목에 대하여 장애인을 대상으로 전문체육이나 생활체육을 지도하는 사람을 말한다.

자격종목 - 장애인스포츠지도사 (34개 종목)

공수도, 골볼, 농구, 레슬링, 론볼, 배구, 배드민턴, 보치아, 볼링, 사격, 사이클, 수영, 승마, 양궁, 역도, 오리엔티어링, 요트, 유도, 육상, 조정, 축구, 카누, 탁구, 태권도, 테니스, 트라이애슬론, 핸드볼, 댄스스포츠, 럭비, 펜싱, 스노보드, 아이스하키, 알파인스키, 바이애슬론, 크로스컨트리, 컬링

1급 장애인스포츠지도사

필기시필기시험과목 (4과목)

장애인스포츠론	운동상해	체육측정평가론	트레이닝론

2급 장애인스포츠지도사

필기시험과목 (5과목)

필수(1)	특수체육론			
선택(4)	스포츠심리학	운동생리학	스포츠사회학	운동역학
	스포츠교육학	스포츠윤리	한국체육사	

스포츠트레이너의 좋은 점·힘든 점

| 좋은 점 |
언제든지 운동할 수 있어요.

아무래도 항상 운동이랑 떼려야 뗄 수가 없잖아요. 남들은 시간을 따로 내서 운동을 하고 몸 관리를 해야 할 때, 메디컬 트레이너는 운동을 하는 것이 일이고 일하는 현장이 헬스장이다 보니까 언제든지 손쉽게 운동을 할 수 있다는 것, 내 건강을 자주 체크할 수 있다는 것이 좋아요.

| 좋은 점 |
퍼스널 트레이너는 배움의 끝이 없는 직업입니다.

일단 배울 것이 무궁무진하다는 것이 가장 큰 장점입니다. 이 직업은 교육의 끝이 없어요. 알아도 한 번 더 공부해야 합니다. 그리고 퍼스널 트레이너는 민간요법으로 처방을 할 수 있다는 것도 또 다른 장점이라고 볼 수 있죠. 나의 지식과 정보를 사람들과 쉽게 공유할 수 있고, 또 노력한 만큼의 대가가 있다는 것도 큰 장점입니다.

| 좋은 점 |

좋아하는 선수가 운동하는 모습을 바로 옆에서 생생하게 볼 수 있죠.

팀 트레이너를 하면 좋은 점은, 내가 좋아하는 운동을 바로 옆에서 생생하게 볼 수 있고, 또 좋아하는 유명 선수도 가까이서 볼 수 있다는 것이라고 생각해요. 그리고 내가 관리하는 선수의 트레이닝 결과를 바로 즉각적으로 볼 수 있죠.

| 좋은 점 |

팀의 승리가 곧 나의 승리가 된다는 것이 좋아요.

일단 프로팀 스포츠트레이너의 좋은 점은 그 팀에 소속되어 있다는 것이죠. 팀이 승리하면 그게 바로 나의 승리가 되고, 패배를 하면 그것이 또 나의 패배가 되죠. 직접적으로 그 팀에 소속되어 있는, 팀의 일원이라는 게 좋은 점이라고 생각합니다. 저 또한 '우리카드 위비팀'이라는 소속감이 강한 것이 사실이죠. 그 외에도 개인적인 생각으로는 좋은 점이 매우 많아요. 의식주가 해결된다는 것은 물론, 꾸준히 본인의 생각대로 트레이닝을 시켜 나의 트레이닝을 통해 선수가 조금이라도 퍼포먼스가 향상되거나 부상에서 회복하면 보람을 느낄 수 있다는 것 등을 이야기할 수 있어요.

톡(Talk)!
김한나

| 좋은 점 |

여러 나라에 가볼 수 있고, 해외 스포츠트레이너들과도 친해질 수 있답니다.

좋은 점은 제가 선수의 모든 것을 지켜볼 수 있다는 것이에요. 사실 시합이 끝나면 다른 분들은 경기장 뒤편의 상황들을 모르잖아요. 스포츠트레이너는 그런 곳에서 벌어지는 일들도 다 볼 수 있죠. 그리고 여러 나라에 다 가볼 수 있다는 점이 좋아요. 저희가 아무래도 시즌마다 움직이다 보니 여러 나라에 가고, 다른 나라 스포츠트레이너들과도 친해질 수 있어서 좋고요. 다만 어느 종목 팀이냐에 따라 상황은 약간씩 다를 수 있습니다. 루지 팀은 4개월 간 매일 같이 붙어있고 다른 나라 선수와 트레이너님들도 매일 보게 되죠. 그런데 이건 동계 종목 팀만의 특성인 것 같긴 해요.

톡(Talk)!
안치훈

| 좋은 점 |

내가 지도할 프로그램을 내가 직접 만들 수 있어요.

제가 속해 있는 단체는 지도할 내용을 구성하는 것과 근무 환경이 생각보다 자유롭단 점이 장점입니다. 본인이 계획한 것에 대해서는 그 누구도 터치하지 않기 때문에 그것에 대한 자율성이 매우 높죠. 지도 시간 외에는 자신의 역량을 가꿀 수 있는 충분한 시간은 물론 교육의 기회를 가질 수도 있고요.

| 힘든 점 |
개인 시간이 없어서 지칠 때도 있죠.

힘든 점은 개인 시간이 없다는 것이죠. 사실 이 부분은 개인차가 좀 크기는 해요. 이런 것을 큰 단점으로 받아들이는 사람이 있고, 저 같은 경우에는 사실 그렇게 크게 생각하는 편은 아니에요. 하지만 단점을 굳이 뽑자면 그 점이 제일 큽니다. 숙소 생활을 하면서 정해진 시간에 여럿이 항상 같이 움직이는 것이 일상처럼 반복되다 보면 시즌 후반쯤에 가서는 마음이 좀 지치게 될 때도 있어요. 이 무렵엔 선수들도 같은 마음일 겁니다.

톡(Talk)!
박은성

| 힘든 점 |
다양한 사람들을 만나는 게 힘들 때도 있어요.

퍼스널 트레이너로서 일을 하며 힘든 점은 아무래도 서비스업이다 보니 사람들의 비위를 맞추기가 힘들 때가 있다는 점이에요. 제가 정답을 1이라고 이야기해줬는데 자꾸 2라고 하는 사람들, 식단은 이렇게, 운동은 이렇게 하시면 분명히 몸이 좋아진다고 정답을 이야기해주었는데도 불구하고 그런 것들을 전혀 지키지 않고 이행하지 않다가 나중에 시간이 지났을 때 "선생님, 저는 왜 몸이 많이 달라지지 않았죠?", "나는 왜 이 정도 밖에 안됐죠?"라고 이야기하는 사람들을 볼 때, 그것만큼 힘든 것이 없어요. 왜냐하면 그 사람이 제 말을 듣지 않고 하지 않은 것인데도 저는 그것 또한 제 책임이라는 생각이 들거든요.

| 힘든 점 |
신생 단체는 체계가 잘 잡혀있지 않은 경우도 있어요.

제가 소속된 단체는 창립된 지 오래되지 않은 단체다 보니 아직은 체계가 잘 잡혀있지 않은 편이에요. 현재 계속해서 체계를 잡아가고 있는 과정에 있습니다. 저 또한 그런 변화 과정들을 계속 몸으로 부딪히며 경험하고 있는데요. 예를 들자면 오전 수업(10:30~12:00)을 마치고 오후 수업(13:00~14:00)을 위해 이동할 시, 이동 거리가 멀다면 점심 식사 시간이 보장되지 못하는 경우라든가 이동 동선이 자유롭지 못할 수도 있는 경우가 발생합니다. 하지만 복지적인 부분, 처우 부분 모두 점차 조금씩 좋아지고 있는 중입니다.

| 힘든 점 |
시즌 중에는 가족들과 식사하는 것도 힘들어요.

아무래도 팀에 투자하는 시간이 많다보니 개인적인 시간이 많이 없어요. 시즌이 시작되면 일주일에 한 번 쉴까 말까하고, 스포츠트레이너는 쉬는 날에도 선수들 병원 진료 관리를 해야 합니다. 개인적인 약속 같은 것은 거의 잡을 수도 없어요. 시즌 중에는 친구들을 만나거나 가족들과 식사하는 것도 힘들어요.

톡(Talk)!
김한나

| 힘든 점 |
고용에 대한 불안정이 제일 아쉬워요.

고용에 대한 불안정은 제일 큰 아쉬운 점인 것 같아요. 아무래도 계약 직으로 일하니까요. 국가대표팀 스태프는 다 계약직으로 이루어져있어 요. 트레이너, 코치들도 다 계약직이죠. 저희는 11개월씩 재계약을 합니다. 그렇기 때문에 고용에 대한 불안정함이 있죠. 또 여자 트레이너의 경우에 는 결혼을 하게 되면 아무래도 제약이 생기니까 그 점도 아쉬운 부분입니 다. 이상하게 남자 트레이너 분들은 결혼을 해도 이 일을 잘 하시더라고 요. 하지만 결혼을 한 여자 트레이너 분은 많이 보지 못한 것 같아요.

그리고 저희는 출퇴근이 없어요. 전지훈련을 하러 가면 거의 인적이 드문 곳이나 시골에서만 머무니까 외출하기도 힘들어요. 외국에 나가도 현지 마트에 한번 가려면 차를 타고 나가야 하죠.

톡(Talk)!
최윤경

| 힘든 점 |
직업의 수명이 짧을 수도 있어요.

외적으로 보이는 것도 중요한 직업이다 보니 지속적으로 관리를 해야 하고, 조금 더 신경 써야 한다는 것이 가끔은 힘들기도 하죠. 그리고 대 체적으로 젊은 사람, 몸이 좋은 사람을 원하는 회원들이 있기 때문에 직 업 수명이 짧은 것도 무시할 수 없는 부분인 것 같아요. 각 트레이너가 가지고 있는 지식이나 경험과는 별개로, 보는 사람들의 입장에서는 트 레이너의 외적인 면도 중요하니까요. 또 대체적으로 근무 시간이 길고, 회원들의 시간에 맞춰줘야 하는 경우가 많다 보니 스케줄 관리가 어려 울 때도 있어요.

스포츠트레이너 종사 현황

◆ **학력 분포** (워크넷 2018년 기준)

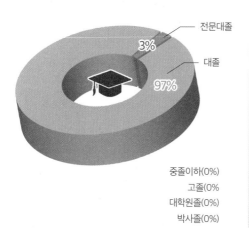

전문대졸
3%
대졸
97%

중졸이하(0%)
고졸(0%
대학원졸(0%)
박사졸(0%)

◆ **전공학과 분포** (워크넷 2018년 기준)

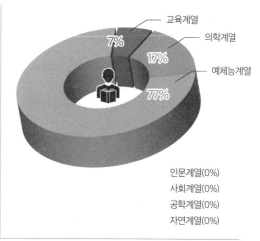

교육계열
7%
의학계열
17%
예체능계열
77%

인문계열(0%)
사회계열(0%)
공학계열(0%)
자연계열(0%)

◆ **임금 수준** (단위: 만 원)

워크넷 직업정보 : 2019년 7월 기준, 임금 하위(25%) 3326만원, 평균(50%) 3505만원, 상위(25%) 3710만원

3,326

3,505

3,710

하위(25%)   평균(50%)   상위(25%)

※ 출처: 워크넷 직업정보

스포츠트레이너가 포함된 스포츠 및 레크레이션 강사의 성비는 남자 *73.7%*, 여자 *26.3%* 이며, 평균 연령은 *34.2세*이다. 평균 학력은 *14.5년*이며, 평균근속년수는 *3.8년* 이다.

(출처: 2013-2014 Job Map)

CHAPTER

| 2 |

스포츠트레이너의

생생
경험담

미리 보는 스포츠트레이너들의 커리어패스

김기태 <u>스포츠트레이너</u>　　국민대학교 스포츠 건강재활학과 졸업　〉　2014 인천 아시안게임 세팍타크로 국가대표팀 트레이너

김한나 <u>스포츠트레이너</u>　　동신대학교 운동처방학과 졸업　〉　R&C sports center (김진섭 정형외과) 근무

안치훈 <u>스포츠트레이너</u>　　가야대학교 특수체육교육과 졸업　〉　코이카봉사단(네팔) 체육교육팀장

박은성 <u>스포츠트레이너</u>　　동아방송예술대학교 연극전공 졸업　〉　맥스짐 휘트니스 팀장

최윤경 <u>스포츠트레이너</u>　　건양대학교 운동처방학과 졸업　〉　평택보건소 대사질환사업 강사

윤병재 <u>스포츠트레이너</u>　　전남대학교 생명과학기술학부 생물공학전공 졸업　〉　광주여자대학교 여자농구부 트레이너

국군체육부대 상무 농구 부대
트레이너

SK 와이번스 프로야구팀 컨디셔닝 코치

태권도 국가대표팀 의무 트레이너

루지 국가대표팀 의무 트레이너

한국과학창의재단 특수체육교실 팀장

부산광역시장애인체육회
장애인생활체육지도자

로드짐 PT매니저

피트니스팜 PT매니저

박병원 트레이너

하모니 트레이닝센터
(전 더본병원 운동센터) 수석 트레이너

유스올림픽 필드하키
의무 트레이너

우리카드 위비 프로배구단 트레이너

다시 태어나도 스포츠트레이너를 하고 싶다는 김기태 트레이너는
여느 남학생들과 마찬가지로 축구, 야구 등 운동을 즐겨 하던 평
범한 학생이었다. 학창 시절에는 운동을 좋아했고, 안정적인 직업
이라는 생각에 체육교사가 되어야겠다는 생각을 했다. 자연스럽
게 체육학과에 진학했지만 진로에 대한 고민으로 방황하기도 했
다. 그러던 중 대학 시절에 현재의 멘토이신 교수님을 만나 스포
츠트레이너의 길을 걷게 되었다. 대학 시절 프로야구팀 LG 트윈
스에서 인턴을 할 수 있는 기회가 생겼고, 유난히도 친절했던 한
트레이너를 만난 것을 계기로 야구팀 트레이너가 되어야겠다는
다짐을 했다.

상무농구팀, 인천아시안게임 세팍타크로 국가대표팀을 거쳐 지금
은 SK 와이번스 프로야구팀에서 더 나은 트레이너가 되기 위해,
더 좋은 프로그램을 제시해 줄 수 있는 트레이너가 되기 위해 끊
임없이 논문을 찾아가며 공부하고 있다.

SK 와이번스 프로야구팀

김기태 컨디셔닝 코치

- 현) SK 와이번스 프로야구팀 컨디셔닝코치
- 전) 국군체육부대 상무농구팀 트레이너
- 전) 14' 인천아시안게임 세팍타크로 국가대표팀 트레이너
- 국민대학교 스포츠건강재활학과 졸업
- 미국스포츠의학회(NASM) 교정운동전문가(CES) 자격
- 미국스포츠의학회(NASM) 운동수행향상전문가(PES) 자격
- 미국체력관리협회(NSCA) 체력관리전문가(CSCS)자격
- 기능적 움직임 평가(FMS) 자격

스포츠트레이너의 스케줄

김기태
컨디셔닝코치의
하루

※재활파트 기준

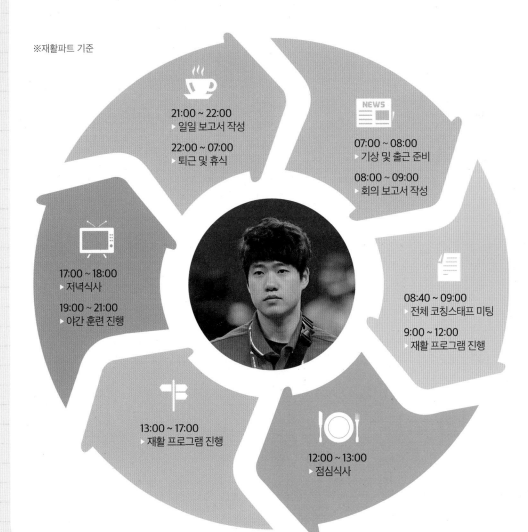

21:00 ~ 22:00
▶ 일일 보고서 작성

22:00 ~ 07:00
▶ 퇴근 및 휴식

07:00 ~ 08:00
▶ 기상 및 출근 준비

08:00 ~ 09:00
▶ 회의 보고서 작성

17:00 ~ 18:00
▶ 저녁식사

19:00 ~ 21:00
▶ 야간 훈련 진행

08:40 ~ 09:00
▶ 전체 코칭스태프 미팅

9:00 ~ 12:00
▶ 재활 프로그램 진행

13:00 ~ 17:00
▶ 재활 프로그램 진행

12:00 ~ 13:00
▶ 점심식사

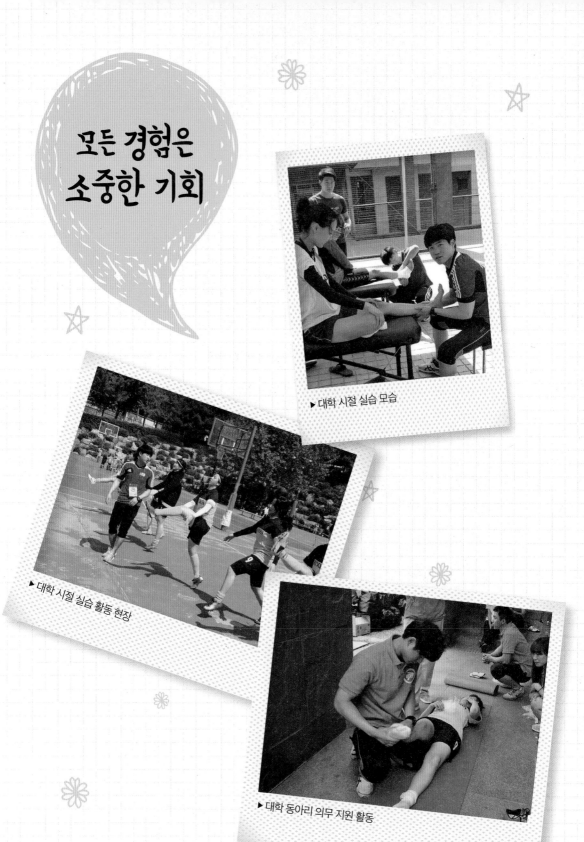

모든 경험은
소중한 기회

▶ 대학 시절 실습 모습

▶ 대학 시절 실습 활동 현장

▶ 대학 동아리 의무 지원 활동

학창 시절에는 어떤 학생이었나요?

저는 정말 평범한 학생이었던 것 같아요. 공부를 잘하는 편도 아니었고, 그렇다고 못하는 편도 아니었죠. 항상 중간쯤 유지하는 평범한 학생이었습니다. 친구들과도 그냥저냥 잘 지내고, 여느 남자 아이들처럼 축구나 농구, 야구 등 운동을 즐겨 하며 지내는 대한민국의 평범한 학생이었습니다.

Question **학창 시절이 스포츠트레이너가 되는데** 어느 정도 영향을 미쳤나요?

일단 학창 시절에 운동을 아주 좋아했습니다. 축구나 농구 같은 운동은 물론, 땀 흘리며 뛰어 노는 것도 매우 좋아해서 중학생 때부터는 나중에 좋아하는 일을 하며 직장을 가지면 좋겠다고 생각했죠. 그런 직업이 어떤 것이 있을까? 하고 생각해봤을 때 체육교사가 떠올랐어요. 당시에는 단순히 체육교사는 운동도 할 수 있고 공무원이므로 안정적인 직업이라는 생각이 들었어요. 그때부터 자연스럽게 진로를 체대 쪽으로 생각하고 준비하게 되었고, 이쪽 분야로 들어오게 되었어요.

Question **대학 생활은** 어땠나요?

사실 1학년 때는 별로 재미가 없었어요. 제가 생각해 왔던 대학 생활과 다른 부분들이 많아서 공부하는 내용도 별로 마음에 들지 않았죠. 그래도 체육학과다 보니 스포츠 활동을 하는 일이 많았습니다. 체육 활동이나 운동을 항상 즐겨 했고, 수업이 끝나면 선배들과 친목을 다지는 데 많은 시간을 보냈던 것 같아요.

그렇게 1년을 보내고 바로 입대를 하게 되었죠. 군 복무 생활을 하며 많은 생각을 했어요. '대학 등록금도 비싼데, 내가 이렇게 해도 되나?'라는 생각이 문득 들었고 그때부터 본격적으로 미래에 대해 많은 생각을 하기 시작했어요. 내가 진짜 원하는 것, 하고 싶은 것이 무엇인지에 대해 고민하다가 제대를 하게 되었고 학교에 복학했죠. 복학과 동시에 교수님을 통해 스포츠트레이너 분야를 알게 되어서 그쪽으로 전공을 바꾸고 공부에 전념하게 되었어요. 원래는 체육학 전공이었는데 여기에 스포츠건강재활 전공을 복수 전공하게 되었죠. 그래서 졸업할 때 메인 전공은 스포츠건강재활로 졸업하게 되었어요.

Question 스포츠건강재활학과에서는 무엇을 배우나요?

스포츠트레이너가 되려면 기본적으로 인체해부학, 기능해부학, 운동 생리학, 운동역학 등 인체에 대한 지식을 많이 배워야 합니다. 거의 스포츠 의학의 큰 그림을 본다고 생각하면 됩니다. 인체에 관한, 또는 의학과 관련된 것들을 많이 배우죠.

Question 대학생 시절, 진로에 도움이 될 만한 활동으로는 어떤 것을 하셨나요?

스포츠트레이너라는 직업에 대해 알게 되면서 취업하고 싶다는 마음도 커졌어요. 빨리 현장에 나가고 싶어서 취업에 도움이 될 만한 인턴 활동이나 실습 활동을 많이 했죠.
교내체육대회가 열릴 때마다 항상 의무 지원을 나갔고 취업동아리 활동도 했는데, 동아리에서는 교수님과 함께 일주일에 한 번씩 체대생뿐만 아니라 재학생들 가운데서도 근골격계 질환을 가진 학생들을 모집하여 무료로 케어를 해주는 자원봉사를 했습니다. 이런 경험이 많은 도움이 된 것 같아요. 책으로 공부하는 것에서 끝나는 것이 아니라 직접 해보고 시행착오도 겪으면서, 부족한 점을 깨닫고 더 공부할 수 있었죠.
방학 기간에는 인턴 활동을 하기도 했는데, 첫 번째 인턴 생활은 운 좋게도 교수님의 추천으로 LG트윈스 프로야구팀에서 하게 되었어요. 처음으로 프로 야구선수들을 직접 관리할 수 있는 기회였죠. 제가 어렸을 때부터 야구를 정말 좋아했는데, 특히 인턴 생활 당시에는 LG트윈스의 팬이었어요. 제가 동경하던 선수들이 눈앞에 있는 것만으로도 설레고 마냥 좋은데, 제가 직접 운동도 가르칠 수 있어서 너무나 감명 깊었던 경험이었어요.

그리고 실습을 나가면 보통 멀뚱멀뚱 서서 지켜보기만 하는 경우가 많아요. 선수는 그 팀의 자산이기 때문에 인턴 학생에게 맡기기는 좀 어려울 수 있잖아요. 그런데 당시에 저희 인턴들을 관리하던 트레이너님은 정말 친절하게 많은 것을 가르쳐주셨고, 저희에게 직접 해 볼 수 있는 기회를 주고 싶으셨는지 직접 프로그램을 만들어오라고 해서 프로그램 검토도 해주시고 괜찮은 프로그램들은 실습할 수 있게 해 주셨어요. 그때 처음으로 야구팀 트레이너를 해야겠다는 마음을 가지게 되었죠. 저는 그렇게 첫 실습부터 운 좋게 시작했고, 특히 그 실습에 감명을 받아서 야구팀에서 일하게 되었습니다.

 진로를 선택할 때 멘토가 있었나요?

대학교 때 담당 교수님이셨던 홍정기 교수님이 저의 멘토라고 이야기할 수 있습니다. 스포츠트레이너 분야에서 아주 유명하신 분이거든요. 제가 2013년도에 복학했는데 그때 교수님께서도 미국에서 교수직을 하시다가 저희 학교로 오셨어요. 그때 처음으로 교수님과 만나서 이런 직업이 있다는 것을 알게 되었고 많은 가르침을 받았죠. 교수님과는 지금도 계속 연락하며 지내고 있습니다.

 진로를 선택할 때 가족의 영향을 받았나요?

부모님께선 저의 진로에 대해 크게 관여를 하시진 않았어요. 하지만 어머니께서는 항상 "자유롭게 하고 싶은 것을 하되 남에게 피해 주지 말고, 불법적인 일을 하지 말고, 네가 진짜 하고 싶은 것, 원하는 것을 하면서 살아라."라고 이야기하셨죠. 항상 자유롭게 하고 싶은 것을 찾을 수 있도록 지지해주셨어요. 저는 그래서 아무런 반대 없이 하고 싶은 것을 찾아서 하게 된 것 같아요. 사실 어머니는 제가 공무원이 되는 것을 원하셨어요. 아무래도 부모님 입장에서는 안정적인 직업을 원하시잖아요. 그래서 알게 모르게 저도 학창 시절엔 체육교사를 해야겠다고 생각했던 것 같아요.

Question 진로를 선택할 때 어떤 기준으로 선택하셨나요?

경제적인 것도 당연히 중요하지만 저는 일단 제가 배운 모든 지식과 기술을 최대한 활용하고 싶었어요. 그런 직업이 무엇인지 생각해보니 팀 트레이너였죠. 사실 스포츠트레이너도 세부 분야가 상당히 다양하거든요. 그 다양한 스포츠트레이너 중에서도 제가 가진 모든 것을 활용할 수 있는 직업은 팀 트레이너더라고요. 팀 트레이너는 직접 운동선수와 함께 땀 섞어가며 운동을 하고, 담당하는 운동선수가 성과를 이루거나 빛을 발했을 때 함께 뿌듯해 할 수 있기 때문에 선택하게 되었어요.

Question 스포츠트레이너를 꿈꾸는 학생들이 학창 시절에 꼭 자질을 길러야 한다면 무엇을 추천해 주시겠어요?

공부도 물론 중요하지만, 직접 많은 운동을 해봤으면 좋겠습니다. 사실 스포츠트레이너라는 직업도 운동선수 출신이 하게 되면 좀 더 메리트가 있습니다. 그 운동에 대해 더 자세히 알고 있고, 직접 몸으로 경험해 본 사람이기 때문이죠. 따라서 스포츠트레이너라는 직업을 가졌을 때, 자신이 어떤 종목을 맡을지는 모르지만 일단은 직접 다양한 운동을 경험해 봤으면 좋겠어요. 직접 경험한 이후에 이론 공부를 하면 훨씬 더 좋은 효과를 얻을 수 있거든요. 학생들이 많은 체육 활동과 운동을 즐겼으면 좋겠습니다.

▶ 2014 인천 아시안게임 세팍타크로
국가대표팀 트레이너

팀의 어머니,
스포츠
트레이너

▶ 상무 농구팀 선수들과 함께

▶ 상무 농구팀 훈련 중에

스포츠트레이너 채용 준비는 어떻게 해야 하나요?

일단 관련 학과에 들어가는 것이 제일 좋습니다. 전공 수업을 들으며 전공 지식을 쌓고, 추가적으로 자격증을 따는 것이 제일 좋다고 생각해요. 하지만 아직까지 국가 자격증이 없고, 민간 자격증만 있는 것이 우리나라 스포츠트레이너계의 현실입니다. 국가에서 인정하는 자격증이 있기는 하지만 취득 조건이 까다롭고 아직까지는 권위도 미미한 편입니다. 그래도 필요한 자격증을 취득하는 것이 채용에는 유리하게 작용할 수 있겠죠.

그리고 이 분야에서는 현장 경험을 제일 중요하게, 우선적으로 생각합니다. 아무래도 일단 몸으로 직접 해야 하는 일이니까요. 머릿속으로 알고 있어도 실제로 할 수 있느냐, 없느냐가 관건이거든요. 그래서 현장 실습을 직접 많이 해보는 것이 좋고, 실습 위주의 공부를 하는 것이 많은 도움이 될 것 같습니다.

 **스포츠트레이너가 된** 과정을 설명해주세요.

저는 2012년도에 전역하고 2013년도에 복학을 했어요. 그때 지도교수님을 만나면서 스포츠트레이너가 되기로 마음먹고, 공부를 할 때도 자격증을 따기 위해 항상 노력했습니다. 담당 지도교수님이 항상 이야기하셨던 것이, 자격증을 따더라도 권위 있는 자격증을 따라는 것이었어요. 교수님이 아무래도 미국에 오래 계시다보니 국제 자격증을 추천해 주셨죠. 사실 그 자격증을 미국에서 따면 비용이 많이 들지 않는데, 한국에서 따려니 엄청 비쌌어요. 한 시험 당 180만 원 정도 하는 금액이 들었죠. 사실 학생 입장에서는 경제적으로 너무 부담스러웠습니다. 그런데도 저는 이 자격증을 꼭 따야겠다는 마음이 들어서 그동안 모아놨던 적금까지 깨면서 자격증 공부를 했습니다. 그래서 공부를 같이 시작했던 동료들보다 더 많은 자격증을 딸 수 있었어요.

그렇게 정보도 많아지고, 지식도 많아지다 보니 교수님이 더 빨리 많은 기회를 주셔서 현장에 빨리 나가게 되었어요. 마침 운이 좋게도 2014년에 인천 아시안게임이 열려 세팍타크로 국가대표팀 트레이너로 가게 되었어요. 물론 아시안게임 기간 동안에만 트레이너를 한 것이었지만요. 당시 저는 학생 신분이어서 학교에는 취업계를 내고 일을 한 것이었는데요. 아시안게임이 끝나고 다시 학업에 열중하려는데 운 좋게 바로 취업자리가 들어오게 된 거예요. 그때 교수님이 저에게 제일 먼저 기회를 주셨죠. 그 취업자리는 바로 국군체육부대 상무 농구 부대였습니다. 상무부대는 운동선수들을 선발해 모은 국군체육부대의 다른 말이에요. 상무부대에서 운동선수는 군 복무를 하며 운동을 계속 할 수 있는 거죠. 모든 스포츠 종목의 선수들이 다 있는 곳이에요. 저는 그곳에서 농구팀 트레이너로 근무했어요. 1년 정도 근무를 했고요. 상무팀에서 근무를 하다가 추천을 받아 SK 와이번스 프로야구팀 트레이너로 오게 되었습니다. 그렇게 2016년도부터 계속 SK 와이번스 프로야구팀에서 일하고 있습니다.

Question 스포츠트레이너로 일하며 기억에 남는 일이 있었나요?

여러 가지 일화가 기억에 남지만, 일단 첫 번째는 재활 센터에서 인턴으로 일하던 때의 일이에요. 당시 저는 무릎을 다쳐 수술을 한 태권도 선수를 담당했는데, 1~2년쯤 후에 SNS로 그 선수가 제게 연락을 해 온 거예요. 수술 후 재활 프로그램에 감명을 받아 자신도 스포츠트레이너가 되겠다는 결심을 했고, 선수 생활을 접은 지금은 스포츠트레이너로 제2의 인생을 시작했다는 내용이었어요.

Question 현 소속팀에 처음 들어왔을 때의 이야기를 해주세요.

처음 SK 와이번스에 들어왔을 때는 떨리기도 떨렸지만 솔직히 좀 자신감이 있었어요. 건방지다는 이야기를 하실 수도 있지만 저 스스로 자부하는 프라이드가 있는 이유가, 제가 프로야구 10개 구단 통틀어 최연소 트레이너로 들어 왔더라고요. 남들보다는 일찍,

어린 나이에 프로야구팀 트레이너가 되었다는 것에 대한 자부심, 자신감이 있었죠. 그리고 야구팀에 들어오기 전에 운 좋게도 여러 곳에서 근무를 했었잖아요. 농구팀, 세팍타크로팀, 재활센터 등 다양한 곳에서 근무를 했기에 그런 실질적인 경험들이 저의 내공이 된 것 같아요. 난 다 할 수 있다는 자신감 때문에 즐거웠죠. 하지만 지금의 제가 당시를 돌이켜 보면 그건 자만심이고 어린 나이의 패기였죠. 배울 것이 한참 많았었는데, 그 당시에는 그랬어요. 자신감이 넘치고 모든 게 즐거웠습니다.

Question 현재 하시는 일에 대해서 설명해 주세요.

선수가 경기나 훈련 중에 부상을 입으면 일단 저와 함께 병원에 갑니다. 가볍게 다쳤거나 제가 상태를 판단할 수 있는 경우에는 직접 치료를 하지만 크게 다친 경우에는 병원에 가서 의학적인 검사를 합니다. 엑스레이를 찍거나 MRI를 찍는 등, 의사의 진료를 받습니다. 그 다음에 의사와 함께 상담을 하죠. 수술의 필요 유무와, 수술이 필요하지 않다면 어느

정도의 회복 기간과 재활 기간이 필요한지 등을 상담하여 부상 선수의 프로그램을 만들어요. 만약 수술이 필요하다면 수술 스케줄을 잡고 이후의 재활 프로그램을 만듭니다. 일단 선수가 빨리 회복하여 현장으로 복귀하는 것이 우선이거든요. 하지만 빠른 복귀보다도 중요한 것은 안정적으로 회복하는 것입니다. 선수가 확실히 다 나아야 다음에 또 다치는 일이 없기 때문에, '빠르고 안전하게'가 제일 중요한 포인트지요. 그렇게 할 수 있도록 재활프로그램을 만들고 진행하는 것이 저희 스포츠트레이너들의 일입니다.

그리고 스포츠트레이너들은 자신의 파트 일만 하는 것이 아니라 서로 협력하며 일합니다. 제가 일이 다 끝나고 한가할 때는 다른 파트로 지원을 나가서 도와주기도 하고, 다른 파트에서 저희 쪽으로 지원을 오기도 하는 등, 서로 많은 협력을 하는 편이죠.

스포츠트레이너의 일과를 이야기해 주세요

일단 SK 와이번스에는 저를 포함하여 총 7명의 스포츠트레이너가 있습니다. 각각 1군 선수들, 2군 선수들, 그리고 3군 루키 선수들과 재활이 필요한 선수들을 담당하죠.

저는 아침 7시에 일어나서 준비를 하고 8시에 출근해요. 담당 선수들의 몸 상태를 확인하고 보고서를 작성해요. 그 보고서를 가지고 9시에 전체 코칭스태프 미팅을 할 때 전체 코칭스태프와 *프론트(선수단을 지원하는 구단의 사무 조직) 전 직원들에게 선수들의 몸 상태를 이야기해요. 어떤 선수가 훈련이 가능하고 불가능한 상태인지, 시합이 가능한 선수와 불가능한 선수는 누구인지 등을 서로 공유해요. 미팅이 끝나면 시합을 준비하는 선수들을 시합할 수 있는 몸 상태로 만들기 위해 컨디셔닝 코칭과 스트레칭을 도와주고, 트레이닝을 해서 시합할 수 있는 몸 상태로 만들어 둡니다. 시합 도중 다친 선수가 있으면 바로 응급처치를 하거나 상황에 알맞게 대처를 하고 시합이 끝나고 난 후에는 회복에 도움이 되는 트레이닝을 해줘요. 다음날 있을 시합을 준비하기 위해서 트레이닝을 하는 거죠.

재활 파트는 프로그램이 정해져 있는데, 선수가 이것을 수행할 수 있는 상태인지 먼저 확인하고, 할 수 있는 상태라면 프로그램을 진행해요. 또 다음날 문제가 없게끔 회복을 위한 치료와 관리도 하죠. 이렇게 보내다보면 오후 4~5시쯤 되고 저녁식사를 해요. 2군 선수들은 야간 훈련을 하는데, 야간 훈련에 문제가 없는지 점검하고 훈련을 시켜주다 보면 저녁 8~9시쯤 돼요. 일과가 끝나고 난 뒤에는 일일보고서를 작성해야 하죠.

 가장 기억에 남는 경기나 시즌은 언제인가요?

아무래도 2018년이 제일 기억에 남습니다. 2018년은 SK 와이번스가 한국시리즈 우승을 한 해거든요. 한 경기, 한 경기를 긴장하면서 봤고 이길 때마다 소리를 질렀어요. 특히 저는 한국시리즈를 하는 동안 전지훈련 일정 때문에 일본에서 시합을 봤는데요. 그래서 더 긴장하면서 봤던 것 같아요. 물론 현장에서 봤으면 더 좋았겠지만요.

저는 할 말은 해야 한다는 생각이 있었는데 이 성격이 도움이 된 적도 있고, 저를 힘들게 한 적도 있어요. 예전에 일했던 곳에서는 이 성격 때문에 코치님들과 트러블이 있었던 적도 있고요.

야구팀에 왔을 때는 내가 이 성격을 버려야 하는 건가 생각했었는데, 그때 제 사수(직장에 처음 입사했을 때, 자신이 맡을 업무를 먼저 담당하고 있던 선배 사원)가 저보다 더 하는 거예요. 욱하는 것도 있고, 거의 싸우는 것처럼 보였었죠. 근데 그 사수는 자기주장을 내세울 때도 객관적인 데이터를 바탕으로 한 자료를 보여주며 말하니 다들 수긍하더라고요. 그 사수도 선수들을 위해서 그랬던 것이죠. 그런 모습을 보며 아, 저렇게 이야기를 해야 하는구나 하는 생각이 들었어요.

그때부터 데이터 수집도 더 열심히 하고, 자료를 보고 공부하며 정리한 결과물도 만들고, 코치님들과 의견이 안 맞을 때 나의 의견이 맞다는 생각이 들거나 더 이야기를 해봐야겠다는 생각이 들면 자료를 토대로 이야기하게 되었어요. 지금의 코치님들은 그런 저의 의견들을 잘 들어주세요. 저를 많이 인정해주시기도 해요.

많이 바뀌었죠. 메모하는 습관이 생겼고 디테일해졌습니다. 스포츠트레이너는 아무래도 데이터 수집이 제일 중요하니까요. 그전에 대학교에서 공부할 때만 해도 정보나 지식을 자료화하지 않고, 내 머릿속에 있으면 내 거라는 생각으로 지냈어요.

공부한 자료들을 노트 정리하지 않고 그냥 머릿속에 암기된 상태로만 갖고 있었죠. 그런데 현장에서 일하다 보니 무조건 데이터 자료를 남겨야 하더라고요. 원래 메모도 잘

하지 않았는데 스포츠트레이너를 하려면 이런 습관들이 필요하다는 생각이 들어서 일부러 더 습관화하려 했습니다. 그래서 지금은 메모하는 습관이 생겼어요.

 ## 스포츠트레이너는 어떤 사람에게 적합한가요?

팀 트레이너, 스포츠 트레이너들은 보통 그 팀의 어머니라고 불리거든요. 그 이유는 선수들을 자식처럼 다 보살펴 줘야 하기 때문이에요. 다치면 치료도 해줘야 하고, 아프지 않게 관리도 해줘야 하고, 올바르게 크게끔 관리를 해야 해서 팀의 어머니라고 불리죠.

보통 어머니라고 하면 희생정신을 많이 떠올리는데, 팀 트레이너를 하려면 희생정신이 많이 필요합니다. 내가 우선이 아니라 선수가 우선이 되어야 하기 때문에 나의 시간적인 여유를 다 버리고 선수에게 모든 것을 투자해야 하죠. 그렇기 때문에 첫 번째로 희생정신이 필요합니다.

그리고 책임감과 성실함이 두 번째로 필요한 요소라고 생각하는데, 운동선수들이 생각보다 스포츠트레이너에게 의존하는 경우가 많아요. 운동선수들은 자신의 몸이 자산이기에 몸이 좋아지고 아프지 않는 것이 중요한데, 이런 종합적인 것들을 맡길 수 있는 사람은 스포츠트레이너밖에 없기 때문이죠. 그러니까 스포츠트레이너는 항상 담당 선수의 인생을 책임지고 성공시켜야겠다는 책임감을 가지고 있어야 해요. 단순한 지식을 가지고 운동을 시켜서는 절대 안 되고, 책임감을 가지고 공부도 깊이 해야 합니다. 성실함은 책임감과 연결되는 말인데, 계속 담당 선수를 책임지려면 부지런해야 하거든요. 공부도 자주 해야 하고 새로운 지식도 많아야 하고요. 또 사람마다, 선수마다 몸의 특성이다 다르기 때문에 공부를 꾸준히 해줘야하는 성실함이 필요합니다.

또한 의사소통 능력도 중요합니다. 팀에서 코치와 선수 사이에 있는 사람이 스포츠트레이너라고 생각하는데요. 이 삼각관계를 조율할 수 있는 것 또한 스포츠트레이너 밖에 없다고 생각합니다. 그래서 말 한마디, 단어 선택도 중요하다는 생각이 들어요. 말 한마디가 서로에게 오해를 불러일으킬 수도 있고, 더 친밀한 관계로 만들 수도 있기 때문에 스포츠트레이너는 중간다리 역할을 잘 해야 한다고 생각해요.

다시
태어나도
스포츠
트레이너를

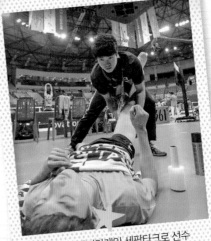

▶ 2014 인천 아시안게임 세팍타크로 선수
재활 중

▶ SK 와이번스 재활 트레이닝 모습

▶ SK 와이번스 재활 트레이닝 모습

 **트레이닝을 할 때 중요하게 생각하는 원칙은 무엇인가요?**

제가 계속 공부의 중요성에 대해 말씀을 드렸는데 저는 평소 공부를 할 때, 논문을 많이 찾아봅니다. 논문을 바탕으로 하여 과학적인 근거를 트레이닝의 기준으로 삼습니다. 어떤 선수랑 친하니까 프로그램을 잘 짜서 빨리 올려 보내야지, 안 친하니까 대충해야지 하는 것이 아니라 참고할 만한 정확한 논문과 근거 자료를 찾아 프로그램을 만들어요. 제가 어떤 선수와 친하다고 해서 또는 그렇지 않다고 해서 프로그램이 달라지는 것은 아닙니다. 저에게는 정확하고 과학적인 근거가 가장 중요해요.

 **스포츠트레이너들은 어떤 마음가짐을 가져야 할까요?**

제가 제일 좋아하는 단어는 *그릿(Grit)'이라는 단어입니다. '그릿'이라는 단어는 제가 학창 시절부터 좌우명으로 생각하고 살았던 단어거든요. 모든 직업, 모든 사람들은 다 다른 상황이겠지만 '그릿'이라는 마음가짐을 항상 가지고 있다면, 이런 간절함이 있다면 성공한다고 생각해요. 꼭 스포츠트레이너에게만 필요한 것은 아니지만, 만약 어떤 후배가 스포츠트레이너를 준비한다고 하면 꼭 '그릿'에 대해 이야기해 주고 싶네요. 많은 사람들이 '그릿'이라는 단어를 항상 마음에 새겨두었으면 좋겠어요. '그릿'이라는 한 단어가 제가 하고 싶은 말을 모두 다 담고 있는 것 같습니다.

*그릿(Grit): 성장(Growth), 회복력(Resilience), 내재적 동기(Intrinsic Motivation), 끈기(Tenacity)의 줄임말로 성공과 성취에 결정적인 영향을 미치는 투지 또는 용기를 나타냄. 단순히 열정과 근성만을 의미하는 것이 아니라 담대함과 낙담하지 않고 매달리는 끈기 등을 포함한다.

더 좋은 스포츠트레이너가 되기 위해 어떤 노력을 하고 계신가요?

언젠가는 팀의 메인 트레이너가 돼서 제가 모은 데이터를 바탕으로 시스템화된 트레이닝을 해보고 싶어요. 매뉴얼화된 프로그램들을 실행하려고 데이터 수집도 항상 하고 있습니다. 데이터 수집을 할 때는 최신 논문들을 많이 모아야 하는데, 최신 논문들은 주로 미국에서 많이 나옵니다. 그래서 그런 논문들을 읽기 위해 영어 공부도 꾸준히 하고 있죠.

스포츠트레이너라는 직업을 학생들에게 추천하시나요?

추천을 해 줄 수는 있어요. 하지만 스포츠트레이너라는 직업이 겉보기에 화려하고 돈을 많이 벌 수 있는 직업이라고 생각하고 덤비는 사람이 실제로 많아요. 저와 함께 공부를 시작했던 친구들 중에는 중간에 낙오하는 경우도 많았습니다. 생각보다 중간 단계가 굉장히 어렵고 힘든 직업이라고 생각해요. 실제로 스포츠트레이너로 성공한 사람은 굉장히 소수에 불과합니다. 여러 매체나 SNS에 나오는 달콤한 모습만 보고 도전하는 사람들이 많은데 당장 그것만 보고 도전하는 것이라면 추천하고 싶지 않아요. 다른 길로 가라고 이야기해 주고 싶습니다.

스포츠트레이너라는 직업은 항상 스포트라이트를 받고 있는 선수들 뒤에 있거든요. 항상 보이지 않는 곳에서 일을 하는 직업이기 때문에 한마디로 대기만성형 직업입니다. 금방 스포트라이트를 받을 수 있는 직업이 아니라 보이지 않는 곳에서 차근차근, 묵묵히 자신의 일을 했을 때 언젠가 자신의 능력을 인정받고, 빛을 발할 수 있는 직업이죠. 이런 것들이 자신의 성향에 맞지 않는다는 생각이 들면 하지 않았으면 좋겠습니다.

스포츠트레이너가 되는 과정은 나비에 빗대어 이야기하고 싶어요. 애벌레가 번데기의 기간을 거쳐서 나비가 되잖아요. 모든 사람들이 나비가 되고 싶어서 번데기의 시간을 거치고, 노력하고 성장하는 것일 텐데 특히 이 직업의 번데기 기간은 굉장히 길고 힘듭니다. 경제적으로도 중간에 힘들 수 있죠. 하지만 번데기의 과정을 잘 거친다면 누구보다도 크고 아름다운 나비가 될 수 있다고 생각합니다. 그래서 이 직업을 꿈꾸는 학생들에게 간절함이 있다면 너의 노력은 절대 배신하지 않으니 인내심과 간절함, 끈기를 가지고 꾸준히 하길 바란다고 이야기해 주고 싶습니다.

 **Question** ▶ **현재 스포츠트레이너라는 직업에 대해**

편견이나 오해가 있나요?

제 생각에는 스포츠트레이너라는 직업이 알려진 것이 얼마 안 된 것 같아요. 스포츠트레이너를 '팀에서 선수를 관리하는 트레이너'라고 설명하면 어떤 분들은 마사지사나 물리치료사를 생각하기도 합니다. 그런 직업들도 물론 선수들에게 필요한 직업이기는 하지만 스포츠트레이너라는 직업은 좀 더 복합적이고 다양한 일을 하거든요. 저희의 일이 복합적이다 보니 할 것이 정말 많아요. 또 어떤 분들은 스포츠트레이너라고 하면 일반적으로 헬스장에서 근무하는 퍼스널 트레이너를 생각하시기도 하죠. 물론 저희가 선수들에게 웨이트 트레이닝을 시키기는 하지만 같은 웨이트 트레이닝이라도 자세히 보면 다르거든요. 이런 여러 가지 오해가 있어서 아직은 이 직업이 더 많이 알려져야 할 것 같아요.

성공한 스포츠트레이너란 무엇이라고 생각하시나요?

　겉으로, 결과적으로 보면 우승팀의 스포츠트레이너가 성공한 스포츠트레이너라고 생각할 수도 있겠죠. 물론 팀이 우승을 하는 것도 선수들을 잘 관리하고 성장시킨 것이기 때문에 성공한 것이라고 이야기할 수 있어요. 하지만 저는 선수들이 스포츠트레이너를 얼마나 신뢰하는지, 그 신뢰도에 따라서 성공한 스포츠트레이너의 여부가 갈리는 것 같아요. 믿고 신뢰하는 선수가 많으면 많을수록 성공한 스포츠트레이너라고 생각합니다.

Question **앞으로의 삶의 비전은** 무엇인가요?

　일단 첫 번째로, 스포츠트레이너로서 최고의 위치에 올라가서 팀을 우승시키는 것이 저의 목표입니다. 그 다음, 제 커리어에서 다음 단계로 꿈꾸는 일은 저와 같은 스포츠트레이너를 꿈꾸는 학생들을 가르치는 것입니다. 대학교수가 되고 싶어요. 강단에 서서 학생들에게 제가 경험했던 것과 배운 지식들을 가르쳐 주고 싶다는 생각을 합니다.

태권도장을 하셨던 아버지의 영향으로 어렸을 적부터 운동을 좋아했다. 고등학교 때는 공대에 가고 싶었지만 수능을 망치는 바람에 뜻대로 하지 못했다. 그렇게 고민하던 중 우연히 본 대학교 홍보에 마음을 뺏겨 운동처방학과에 진학했다. 운동처방학을 전공하며 스포츠트레이너의 매력에 빠져 졸업 후에는 병원 재활센터에서 근무하게 되었다. 3년 동안 일을 하다 보니 처음과 다르게 기계적으로 변한 나의 모습을 보았고 다시는 돌아오지 않겠다고 다짐하며 호주로 떠났다. 호주에서 1년간 생활하며 나의 직업을 너무나 사랑했다는 것을 깨닫고 다시 한국으로 돌아왔다. 올림픽에 나가보고 싶어 팀 트레이너를 지원하게 되었고 태권도 국가대표팀을 거쳐 현재는 나의 아픈 손가락, 루지 국가대표팀에서 의무 트레이너로 일하고 있다. 어언 10년차 스포츠트레이너지만 여전히 일을 할 때 행복하고 즐겁다.

대한루지경기연맹

김한나 의무 트레이너

- 현) 루지 국가대표팀 의무 트레이너
- 전) 태권도 국가대표팀 의무 트레이너 (2013년~2016년)
- 전) R&C sports center (김진섭정형외과)
  근무 (2009년~2012년)
- 동신대학교 운동처방학과 졸업
- 전문스포츠지도사 2급 - 루지
- 생활스포츠지도사 2급 - 보디빌딩
- 운동사
- 선수트레이너
- 체력코치지도자KCA

스포츠트레이너의 스케줄

김한나
의무트레이너의
하루

07:00 ~ 08:00
▶ 아침 식사

08:00 ~ 09:00
▶ 훈련준비 및 이동

09:00 ~ 12:00
▶ 훈련

12:00 ~ 13:00
▶ 점심 식사

13:00 ~ 15:00
▶ 휴식

15:00 ~ 17:00
▶ 훈련

17:00 ~ 18:00
▶ 휴식

18:00 ~ 19:00
▶ 저녁식사

19:00 ~ 21:00
▶ 치료

22:00
▶ 수면

병원을
거쳐
경기장으로

▶ 대학 시절, 과내 스포츠재활 동아리 활동

▶ 대학 시절 좋아했던 패러글라이딩

▶ 재활병원 근무 시절, 동료들과 함께

Question 학창 시절에는 어떤 학생이었나요?

전 사실 약간 애매한 학창 시절을 보낸 것 같아요. 공부를 엄청 잘하지도 않았고, 못하지도 않았어요. 그렇다고 놀지도 않았고 또 안 논 것도 아니고 애매했죠. 그런 고등학생 시절을 보내고 대학에 가서는 '공부도 진짜 열심히 하고 놀기도 열심히 놀아야겠다.'라고 결심했습니다. 그래서 대학교에 진학한 뒤엔 정말 공부도 열심히 하고 놀기도 열심히 놀았던 것 같아요. 그리고 저는 학창 시절부터 운동을 좋아했어요. 어렸을 때 아버지가 태권도장을 하셨는데, 아주 어렸을 때부터 운동을 쉽게 접해서 그런지 운동을 좋아했던 것 같아요. 그래서 꾸준히 운동을 했고요.

Question 학창 시절이 현 직업을 갖게 되는데 영향을 미쳤나요?

사실 고등학교 때까지는 공대에 가고 싶었습니다. 근데 수능을 망치게 되었죠. 수능이 끝난 후 학교에 갔는데 대학교에서 홍보를 나왔더라고요. 그때 '운동처방학과'라는 과를 소개해 주었는데, 소개를 듣고 '아 이거구나!'라는 생각이 딱 들었어요. 그렇게 운동처방학과에 진학을 했고 대학교 때부터는 이쪽 길을 계속 생각하고 준비해 왔습니다.

Question 대학생 때, 진로에 도움이 될 만한 활동을 하셨나요?

대학교 때 스포츠재활 동아리 활동을 했어요. 그래서 교내 축구 대회 같은 운동 관련 행사를 하면 의무 지원을 나갔죠. 테이핑을 해주거나 부상을 당한 선수의 치료를 도와주는 일들을 했어요. 일주일에 한 번씩 동아리 회원들끼리 모여 스터디도 했었죠.

또 저는 패러글라이딩 동아리도 했었는데요. 그 동아리 활동을 하면서 여러 사람들을 만나고 다양한 활동을 하는 것이 더 좋아졌어요. 전국 패러글라이딩 대회에서 전국의 대학생들이 모여 이야기도 하고 비행도 하고 그랬거든요. 이런 동아리 활동들은 제가 졸업 후에 여러 사람을 만나고 관계를 맺으며 일하는 데 많은 도움이 된 것 같아요.

 **학창 시절에 영향을 준** 사람이 있었나요?

사실 직업을 선택할 때 다른 사람의 영향을 받지는 않았던 것 같아요. 그냥 제가 하고 싶은 일을 스스로 결정했거든요. 부모님은 항상 '네가 하고 싶은 걸 해라' 하시면서 자유 롭게 두셨고요. 참 감사한 부분이죠.

이후에 일을 하면서는 동생의 영향을 많이 받았습니다. 동생이 대학생 때까지 운동선 수로 활동했기 때문이죠. 제가 일을 시작할 때는 동생이 아직 운동선수 생활을 하고 있 었을 때였는데 그때 특히 동생한테 많이 의지했어요. 제가 처음 재활 일을 시작할 때는 재활이나 트레이닝 관련 직업이 잘 알려져 있지 않았고 아는 사람도 많지 않았어요. 그 래서 당시에는 부모님도 제가 하는 일에 대해 잘 모르셨어요. 얘가 대체 무슨 일을 하고 다니나 하시는 상황이었던 거죠. 처음 취업해서 실습을 한 날, 빨래를 집에 가져왔어요. 빨랫감 중에 수건이 있었는데 그 수건에 당시 제가 다니던 센터 이름이 적혀있었죠. 동 생이 그걸 보고 놀라면서 '누나 여기 다녀?' 하더라고요. 동생은 그 센터에 대해 잘 알 고 있었죠. 그때부터 동생과 직장 이야기를 하기 시작했고, 점차 부모님과도 제 직업에 대해서 이야기를 하게 되었어요.

Question **스포츠트레이너라는 직업을 어떻게** 꿈꾸게 되셨나요?

대학교 1학년 때 처음 수업을 들을 때부터 그냥, 이유 없이 재미있었어요. 고등학교 때 는 과학 과목들 중에 생물(생명과학)을 정말 싫어했거든요. 그런데 대학교에 와서 해부 학 수업을 듣는데 너무 재미있는 거예요. 특히 재활치료나 선수 트레이닝 같은 수업이 재미있었어요. 그리고 처음 실습을 나가 일했던 곳에서 만난 선생님들도 모두 좋으신 분들이었죠. 일을 시작하기 전에 '텃세가 있다'는 이야기도 많이 들어서, 처음 들어갈 때는 걱정이 많았는데 막상 들어가고 나서 보니 정말 가족 같았고, 모든 게 물 흐르듯이 자연스러웠어요. 스포츠트레이너라는 직업을 꿈꾸게 된 데는 첫 직장을 잘 들어갔던 것이 큰 역할을 한 것 같아요. 아, 그리고 제 사수도 정말 좋은 분이었어요. 아는 것도 많고 공부도 많이 하시는, 열정적인 분이었죠. 늘 공부를 하시던 모습이 기억에 남아요. 이렇게 저는 일을 하면서 인복도 있었기 때문에 이 직업에 대해 더 확신을 가질 수 있었어요.

Question 스포츠트레이너를 하겠다고 결심한 계기는 무엇인가요?

저는 처음에 병원 재활센터에서 일을 했어요. 그런데 3년 정도 지나니까 일이 하기 싫은 거예요. 재미도 없어졌죠. 처음에는 배우는 과정이니까 일을 하는 것이 재미있었는데 3년차가 되니까 일을 할 때 약간 기계적으로 변했다고 해야 하나? 그런 순간이 왔어요. 지금도 드는 생각이지만 3년차는 항상 고비인 것 같아요. 그래서 그때, 일을 그만두고 호주에 갔어요. 당시엔 재활센터 트레이너 일이 너무 하기 싫어서 다 그만두고 이제 다시는 돌아오지 않겠다, 마음먹고 호주로 가게 된 거죠. 그런데 막상 호주에 갔는데 내가 나의 일을 정말 좋아했었구나 하는 생각이 들더라고요. 다시 일하고 싶은 마음이 들었어요. 그래서 호주에서도 재활센터에서 일을 했고, 1년 뒤 한국에 돌아왔어요. 그때 호주에 갔다 온 것이 '내가 이 일을 정말 좋아했었구나.' 하고 깨닫게 되는 계기가 되었던 것 같아요. 이후에는 한국에서 팀 생활을 하기 시작했죠.

Question 스포츠트레이너는 어떻게 준비해야 하나요?

아직 우리나라에는 '스포츠트레이너'라는 직업이 되는 데 필요한, 딱 이렇다 할 커리

큘럼이 없어요. 그래서 대개 물리치료사로 시작해 이쪽으로 오거나, 체육과나 체육교육과에 가서 교육을 받고 스포츠트레이너 쪽으로 진로를 선택하는 방법 등을 통해 트레이너가 됩니다. 사실 저도 처음 스포츠트레이너를 준비할 때는 진로 계획에 관해 많은 고민을 했어요. 그래서 제 생각에는 일단 자신의 중심을 잘 잡아야 할 것 같아요. 자기가 어떤 방향으로 나아가야 할지 정하는 것이 제일 중요합니다.

그리고 저의 개인적인 생각이지만 처음에는 병원이나 재활 센터에서 실습을 해 보는 게 좋을 것 같아요. 그래야 선수들의 부상이나 치료에 관해서도 알 수 있고, 병원 수술실에서 수술 과정을 함께하며 부상 치료에 대한 전체적인 것을 볼 수도 있어요. 병원에 가면 파견 근무도 나가게 되고요. 이렇듯 전반적인 흐름을 알 수 있어서 추천하고 싶어요.

Question 스포츠트레이너 채용준비는 어떻게 해야 할까요?

일단 기본적으로 선수 트레이닝 자격증 취득을 해야 합니다. 아무래도 스포츠트레이너 국가자격증은 없으니까 생활체육지도자 자격증을 취득하는 게 좋죠. 그리고 협회의 교육을 들으면 채용 정보를 많이 얻을 수 있어서 좋아요. 그러한 교육은 반드시 들어야 하는 것은 아니지만, 자신의 발전을 위해서 그리고 교육을 들으러 가서 만나는 사람들과의 관계 형성 등을 위해서 많이 듣는 것을 추천합니다.

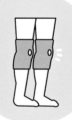

Question 스포츠트레이너라는 직업을 처음 시작했을 때는 어떠셨나요?

그때는 뭘 해도 좋았을 때죠. 당시에는 아침 8시 30분에 출근해서 오후 6시까지 일을 하고, 일을 마친 뒤 스터디를 하고 집에 오면 밤 10~11시가 되었어요. 첫 주에 있던 일이 아직도 생각나요. 저희가 늘 서서 일을 하잖아요. 한번은 출퇴근 시간에 전철 좌석에 앉아 있다가 환승을 하려고 자리에서 일어나려는데 다리가 저려서 못 일어난 적도 있어요. 그 정도로 힘들기도 했고 열심히도 했었죠.

Question 태권도 국가대표팀에서 일할 때는 어떠셨나요?

태권도 팀은 호주에서 돌아온 후 제가 처음으로 팀 생활을 시작한 팀이에요. 태권도 팀 소속일 때는 2016년 리우데자네이루 올림픽에 갔다 왔습니다. 리우 올림픽에서 우리 선수가 금메달을 따서, 코트에서 세리머니를 했을 때가 가장 기억에 남아요. 경기장에 있던 모든 사람들이 다 우리 선수의 이름을 외쳤는데, 그 광경이 특히 기억에 남고 좋았죠. 특히 선수들이 세리머니를 하거나 메달 시상식에 참석할 때, 저는 경기장 안의 환호성을 뒤로 하고 혼자 짐을 챙겨서 뒤로 나오거든요. 그때 기분이 참 묘해요. 이상하게 그 순간 '아, 이런 맛에 이 일을 하는구나.'라는 생각이 들었어요.

Question 루지 국가대표팀에는 어떻게 지원하게 되었나요?

루지 국가대표팀에는 2017년에 지원을 하게 되었는데요. 그때는 평창 올림픽에 한번 가보고 싶다는 생각이 들어서 지원하게 되었죠. 사실 선수뿐만이 아니라 스포츠트레이너들에게도 올림픽은 꿈의 무대거든요. 특히 한국에서 열리는 올림픽이기 때문에 지원하게 되었습니다.

선수들을 포용하는 스포츠 트레이너

▶ 2015 태권도 세계대회 중

▶ 2016 리우데자네이루 올림픽, 메디컬 미팅을 마친 후 각 나라 팀 닥터들과 함께

▶ 2017-2018 월드컵시리즈 때, 각 나라 스포츠트레이너들 과 함께

현재 어떤 일을 하시는지 설명해 주세요.

스포츠트레이너는 선수들의 전체적인 몸 관리와 부상 관리를 해줍니다. 부상이 발생했을 때는 치료와 재활을 하며 선수들이 필드에 복귀할 때까지 도와주는 일을 하고 있습니다.

 루지 국가대표팀에서 특히 기억에 남는 경기나 시즌이 있다면요?

아무래도 올림픽이 가장 기억에 남아요. 저희 루지 팀은 봅슬레이나 스켈레톤 팀처럼 성적을 내지는 못했는데, 저는 경기를 보면서 정말 우리나라 선수들이 간절한 맘으로 경기에 임하고, 저도 제가 할 수 있는 모든 것을 다했다는 생각이 들었어요. 그래서 경기를 보면서 정말 눈물이 날 것 같았습니다. 그 자리까지 준비해온 것은 저희밖에 모르잖아요. 그래서 시합 장면 하나하나를 보면서 '선수들이 정말 최선을 다하고 있구나'라는 생각에 마음이 울컥했어요. 비록 메달은 못 땄지만, 찡한 마음이었죠.

 동계 시즌에는 주로 어떻게 지내시나요?

저희는 아침에 일어나서 밥을 먹고, 보통 하루에 2번 있는 훈련 스케줄에 맞추어 오전, 오후에 훈련을 합니다. 저는 기본적으로 선수들의 훈련에 다 따라 나가는데 오전에 준비해서 선수들과 같이 나가 훈련하고 들어오고, 오후 훈련이 끝나고 난 뒤에는 치료를 해요. 다친 선수들이나 보강이

필요한 선수들은 재활 훈련을 합니다. 그래서 저녁 이후 시간이 저의 주 업무 시간인 것 같아요. 훈련 시간에는 보조 역할을 하고, 훈련을 하기 위해 테이핑을 해야 하는 선수들이 있으면 테이핑을 해주고 진행합니다.

루지 팀은 훈련 시간이 매일 바뀌어요. 트랙 스케줄에 따라 훈련 스케줄이 바뀌거든요. 시즌 중에는 훈련 시간에 맞춰서 훈련을 하고 슬라이딩(트랙에서 썰매를 타면서 하는 본 훈련) 훈련이 없는 시간에는 웨이트 훈련을 하러 갑니다. 사실 훈련 시간이 매일 바뀌다 보니까 힘들기는 해요. 하지만 저희가 트랙을 사용하는 종목이다 보니 어쩔 수 없죠.

그리고 시즌 중에는 매주 월요일이 이동하는 날입니다. 월요일에 이동하고 화, 수, 목요일에 연습을 하고 금, 토, 일요일에 시합에 나가요. 이걸 시즌 동안 매주 반복합니다. 시합을 10번 치르면 총 10주를 움직이게 되는 거죠. 크리스마스를 전후로 해서 휴식 기간을 갖고, 1월 초쯤에 다시 시즌을 시작합니다. 그럼 대략 시즌 전반에 대회 5개, 크리스마스 시즌 이후에 대회 5개에 참가하게 됩니다. 그렇게 일주일 단위로 이동을 하는데, 멀리 가게 되면 유럽에서 미주로 넘어가는 경우도 있고, 유럽 안에서만 이동하는 경우도 있어요. 유럽 안에서는 주로 차를 타고 이동합니다. 그래도 선수들과 저희는 이동 거리가 1,000km 정도 되면 비행기를 타는데, 감독님은 그 거리를 운전해서 이동하세요. 아무래도 차에는 썰매를 싣고 다녀야 하기 때문이에요. 이런 스케줄로 시즌을 소화하다 보니, 저희에게는 이동하는 날인 월요일이 쉬는 날이에요. 하지만 이동하는 것도 힘들어서 주로 코치님이 운전을 하시고 저도 가끔 운전을 하며 교대를 하죠. 500~600km는 가까운 거리고 700~800km는 기본으로 이동해요.

Question 그렇게 이동하시면서 기억에 남는 에피소드가 있나요?

미주로 이동을 해야 하는데 비행기를 한 번 놓쳤던 적이 있어요. 독일에서 캐나다로 갈 예정이었는데, 독일에서 항공사가 파업을 한 거예요. 저희는 독일 국내선을 타고 프랑크푸르트까지 가야했던 상황이었는데, 프랑크푸르트까지 가는 국내선이 파업을 하는 것이었죠. 새벽에 갑자기 연락을 받아 파업이 시작됐다는 소식을 듣고 급하게 기차를 탔어요. 기차에 탔는데 갑자기 기차도 파업을 한다는 거예요. 결국 목적지까지 한 번에 갈 수 있는 교통수단은 없는 상황이었죠. 그래서 기차를 2번 갈아타고, 비행기 표를 겨우 바꿔서 캐나다 토론토로 갔다가 캘거리로 들어갔어요.

이렇듯 이동하는 것이 제일 힘들어요. 유럽 내에서 이동을 하면 차를 타고 이동하니까 괜찮은데, 비행기를 타고 다른 대륙으로 이동하게 되면 짐 무게도 맞춰야 하고, 짐도 보내야 해서 그런 것들이 대체로 힘들죠. 그나마 다행인 것은 썰매는 국제연맹에서 다 같이 이동을 한다는 점입니다.

Question 현재 담당 직무에서 가장 좋은 점은 무엇인가요?

아무래도 선수들이 시즌을 잘 마쳤을 때 느끼는 보람이 가장 큰 것 같아요. 중간중간 부상도 있고 힘들 때도 있지만, 마지막까지 시즌을 잘 마무리할 때 오는 쾌감이 크죠.

그리고 선수들이 하는 모든 것을 다 함께한다는 것도 좋습니다. 훈련 전부터 훈련이 끝 날 때까지, 모든 것을 함께할 수 있다는 것은 의미가 크죠.

Question 스포츠트레이너를 하며 힘든 시기는 없었나요?

팀 트레이너 1년차 때, 저희 선수 중 한 명의 십자인대 가 파열됐어요. 그런데 마침 선발전이 한 달밖에 남지 않은 상황이었죠. 그때는 경험이 너무 없어서 이 선수에게 해줄 수 있는 것이 아무것도 없다보니 자괴감이 들었어요. 만약 지금이었더라면 '이렇게 하자' 하고 선수를 끌고 갔겠죠. 처 음에는 선수들이 제게 모르는 것을 물어보면 집에 가서 찾아보고, 다음날 선수들에게 알려주기도 했어요.

그리고 처음 팀에 들어왔을 때부터 최근까지도 항상 사수가 없다는 것에 갈증이 있었어요. 사실 프로 스포츠 팀에는 트레이너님들이 3, 4명씩 계세요. 그럼 사수에게 일을 배우기도 하는데, 저는 국가대표팀 트레이너를 하면서 항상 혼자 일했거든요. 물론 병원에 있었을 때 만난 사수 분들이나 주변 선생님들에게 전화를 해서 궁금한 것을 물어보곤 하지만, 아무래도 직접적인 사수는 없어서 사실 지금도 꽤 갈증을 느끼고 있습니다.

Question 힘든 시기는 어떻게 극복하셨어요?

저는 힘들 때도 사람을 잘 만났던 것 같아요. 한창 힘든 시기, 팀에 여자 코치님이 계셨었는데 그분이 저를 많이 챙겨주셨습니다. 상담도 해주시고, 그 코치님과 교육도 같이 들었어요. 그러면서 그분에게 배우기도 많이 배웠고, 힘든 점도 함께 이야기하면서 극복이 되었던 것 같아요. 코치님을 잘 만났죠.

Question 경기 전에는 어떤 일을 하시나요?

솔직히 루지는 경기 전에 제가 특별히 해줄 게 없어요. 제가 태권도 팀에 있을 때는 웜업 운동 때 선수들의 스트레칭을 돕고 테이핑도 거의 한 시간씩 했거든요. 운동선수들이 경기 전에 하는 테이핑도 루지 선수들은 하지 않아서 저는 특별히 할 일이 없어요. 경기 전날까지는 몸을 풀어주는 일들을 하고, 당일에는 제가 특별히 하는 일은 없습니다. 대신 언제 발생할지 모르는 부상에 대비하죠.

개인 종목인 루지는 선수들마다 각자의 루틴*(본격적인 운동을 시작하기 전에 몸을 풀기 위해 취하는 개인적인 동작, 순서, 방법 등을 가리킴)이 다르기 때문에 제가 끼어들 수가 없어요. 그리

고 이미지 트레이닝은 주로 선수 혼자서 앉은 채 하거든요. 그래서 더욱 방해를 할 수가 없어요. 이미지 트레이닝이 선수들한테는 정말 중요하기 때문에 그때는 그저 지켜보는 것이 저의 일이에요. 선수들이 가끔 어깨 근육이 뭉쳐서 풀어달라고 하면 풀어주기도 하는데, 먼저 요청하지 않는다면 되도록 그 속에 들어가지 않으려 해요.

경기 때는 항상 부상에 대한 대비를 하고 있어요. 그런데 루지는 경기장이 한눈에 들어오지 않잖아요. 그래서 참 어려워요. 볼 수가 없으니까 선수가 언제 어떻게 다쳤는지도 알기 어렵거든요. 물론 경기 모습을 경기장 구간별로 마치 CCTV처럼 보여주기는 하지만, 제 생각엔 선수가 이 지점에서 다친 것 같은데, 또 다른 지점에서 부상을 당하는 것으로 보이는 장면이 나타나요. 너무 빨리 지나가기 때문에 제대로 파악하기 힘들죠.

 현재 직업에 대한 주변의 반응은 어떤가요?

가족들은 제가 이 일을 하는 것을 좋아하세요. 아무래도 동생이 운동선수였으니까 친숙해서인지 많이 좋아하시죠. 제 동생도 지금 한 팀에서 코치로 일하고 있는데, 선수들이 아프면 저한테 전화로 병원은 어디로 가야 하는지, 치료는 어떻게 해야 하는지 물어보기도 해요. 그럴 때는 동생에게 도움을 줄 수 있어서 좋습니다. 시즌 중에는 팀 합숙 생활을 하고 자주 집을 비우기도 하는데, 그런 것에 대해서도 부모님께서는 잘 이해해 주시고 별 말씀을 하지 않으세요. 저는 오히려 집에만 있으면 답답하니까 시즌 때는 나가서 사는 게 좋기도 하죠.

 시즌이 아닐 때는 어떻게 지내시나요?

시즌을 위한 준비를 해요. 3월에 시즌이 끝나면 한 달을 쉬고, 5월부터는 본격적으로 시즌 준비에 들어가요. 웨이트 훈련, 스타트 등 기술 훈련을 주로 여름에 하게 되죠. 바퀴

썰매 훈련도 하고요. 이렇게 5월부터 기초 체력 훈련과 기술 훈련을 합니다.

　시즌을 마친 후 한 달 쉬는 동안에는 주로 여행을 다녀요. 저는 취미로 서핑을 하고 있는데, 최근에는 발리에 가서 서핑을 하다 왔어요.

 **현재 배움을 얻는 곳은 어디인가요?**

　평창 선수촌에 물리치료 선생님과 체력관리를 담당해 주시는 선생님이 계세요. 동계 종목을 모두 담당해 주시는 그 선생님들께 가장 많이 배우고 있어요. 아무래도 불모지에서 고생하시는 분들이다 보니 배울 점이 많죠. 공감되는 부분도 많아서 이야기도 많이 하게 됩니다. 또, 저는 현재 동계 종목만의 트레이닝 프로그램을 만들어 보려고 노력하고 있거든요. 그래서 그 선생님들과 가장 많이 교류하고 있습니다.

　선수들이 아플 때는 제가 병원에서 일했을 때 만난 실장님에게 가장 많이 도움을 청하곤 합니다.

 스포츠트레이너는 평소에 어떤 자세를 가져야 할까요?

　스포츠트레이너라는 직업은 평소에도 긴장의 시간을 가져야 하는 것 같아요. 저희는 선수들이 언제 어떻게 다칠지 모르기 때문에 매 경기마다 순간순간 긴장하고, 경기가 끝나면 겨우 안도하죠. 그리고 포용력도 필요합니다. 어떻게 보면 스포츠트레이너들이 선수들의 심리적인 부분도 담당하고 있다고 이야기할 수 있어요. 심리치료사 같은 역할도 하는 거죠. 아무래도 선수들은 스포츠트레이너와 항상 붙어있기 때문에 평소에 상담도 많이 하고, 코치님들에게는 하지 못하는 이야기도 저희와는 많이 하는데요. 그만큼 스포츠트레이너는 선수와 충분한 대화를 하면서 선수를 독려할 수도 다그칠 수도 있어야 해요.

오래도록
**선수와
함께하고
싶어요**

▶ 선수와 함께

▶ 루지 트랙에서 한 컷

▶ 2018 평창 올림픽 때 찍은 사진

일단 제가 지금 동계 종목 팀에 있으니까, 동계 종목에 좀 더 좋은 지원이 있으면 좋겠어요. 평창 올림픽 이후에도 이 종목에 대해 잘 모르시는 분들이 아직도 많고 선수도 3명밖에 안 남았어요. 그래서 좀 슬퍼요. 선수들도 더 많이 생겼으면 좋겠고, 많은 관심이 필요하다고 생각해요. 루지 같은 경우는 선수들이 은퇴하고 할 수 있는 일이 별로 없어요. 그래서 저는 함께했던 트레이너로서 그런 것도 걱정이 돼요. 우리나라에서 비인기 종목들은 정말 관심을 못 받잖아요. 특히나 동계 종목은 더 관심을 못 받는 편이죠. 한번은 저희 종목 선수가 '메달을 못 딴다고 선수가 아닌 건 아니에요'라고 글을 쓴 걸 본 적이 있어요. 그 글을 보고 참 마음이 짠했어요. 메달을 따지 못하고, 비인기 종목 선수더라도 그 분야에서는 정말 최선을 다하거든요. 그래서 그런 부분이 안타까워요.

선수들이 경기를 잘 마치고 왔을 때가 가장 뿌듯해요. 그리고 쉬고 있을 때, 한번씩 선수들에게서 연락이 오면 '아, 내가 잘 살았나?' 이런 생각도 들어요. 그리고 선수들이 아플 때 연락을 해 오면 고마워요. 선수들이 아픈 것은 안타깝지만, 절 다시 찾아주었다는 게 참 뿌듯하고 고맙죠. 이미 저를 떠난 선수들도 아플 때는 전화로 어떻게 해야 하는지 물어보곤 하는데 그럴 때　　　　마다 '내가 그동안 열심히 했구나'라고 생각합니다.

더 좋은 스포츠트레이너가 되기 위해
어떤 노력을 하시나요?

공부는 지금도 꾸준히 하려고 해요. 새로운 교육이 있으면 들으러 가고, 세미나도 시간이 되면 참석하려 하고요. 그런데 그건 스포츠트레이너의 영원한 숙제인 것 같아요. 재활 트렌드도 계속 바뀌기 때문에 지속적으로 찾아봐야 하죠.

그리고 여러 정보를 다른 트레이너 선생님들과 공유하는 것도 중요하다고 생각합니다. 그런데 동계 종목은 이 부분에서 정말 힘들어요. 그러니까 하계 종목의 경우, 태릉선수촌이나 진천선수촌에 다 같이 있으니까 다른 종목 선생님들을 자주 볼 수 있어요. 하지만 동계 종목은 시즌 내내 다 각지로 흩어져버리기 때문에 서로 만나기가 힘들죠. 시즌이 끝나야 트레이너들끼리 만나서 이야기도 할 수 있습니다. 저는 스포츠트레이너들끼리 여러 가지 정보를 공유하는 게 중요하다고 생각해요. 그래서 2019년에 저희 선수촌에도 트레이너협의회가 생겼어요. 제가 2013년도에 들어왔는데, 사실 그때부터 계속 협의회를 구성하려는 움직임이 있다가 드디어 올해 생겼거든요. 그래서 좀 더 발전이 되지 않을까 기대가 됩니다.

 선수들은 트레이너님께 어떤 의미인가요?

저에게 선수들은 아픈 손가락인 것 같아요. 안쓰럽잖아요. 선수들에게 모든 것을 다 해주고 싶어요. 다들 보이지 않는 곳에서도 정말 열심히, 최선을 다하죠. 근데 지금 루지 팀이 유독 더 그런 것 같아요. 태권도 팀은 저의 첫사랑 같은 팀이라면, 지금 루지 팀은 약간 아픈 손가락 같은 느낌입니다.

앞으로 이루고 싶은 목표가 있다면 무엇인가요?

저는 진짜 필드가 좋아요. 그래서 필드에서 오래 일하는 스포츠트레이너가 되고 싶어요. 처음 일을 시작했을 때도 생각했던 것이고, 팀에 있으면서 더욱 그런 생각이 커지는 것 같아요. 필드에서 오래 일하고 싶고, 그렇게 할 겁니다.

 트레이너님의 좌우명은 무엇인가요?

사실 요즘에 좀 생각해 본 건데요. 'Never try, never know.' 시도하지 않으면 모른다는 뜻입니다. 최근 들어서 뭐든 해봐야 알 수 있다는 생각을 많이 하게 됐어요.

저도 사실 예전엔 무서워서 안 해 본 것이 많았어요. 그런데 제가 이 팀에 와서 운전을 배웠어요. 처음엔 무서워서 하지 않으려 했지만, 막상 운전을 해 봤는데 별거 아니더라고요. 무조건, 되든 안 되든 해봐야 하는 것 같아요. 특히 여기 루지 팀에 와서 변한 것 같습니다. 이전에 10년 장롱면허였거든요. 이 팀에 와서 필요에 의해서 운전을 시작하기는 했지만 막상 해보니까 별게 아니었어요. 그래서 루지 팀은 저에게는 큰 의미의 팀입니다.

 여성 스포츠트레이너가 많이 없는 이유가 있을까요?

여성 스포츠트레이너가 많지 않은 이유는 결혼이 가장 크지 않을까요. 결혼을 하면 여성들은 아무래도 팀 생활이 어렵고, 이것이 경력 단절로 이어지는 경우가 많으니까요. 저도 그 점이 가장 큰 고민이기는 해요. 그래도 점점 나아지고 있는 것 같아요. 지금은 여성 트레이너 선생님들이 제가 처음 트레이너를 할 때보다 훨씬 더 많아졌거든요. 결혼

후에도 계속해서 자신의 분야를 개척해 나가시는 분들도 많아지고 있어서 이러한 변화들이 참으로 기쁩니다.

Question 다른 스포츠트레이너들에게 하고 싶은 말이 있다면요?

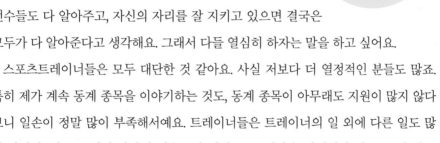

스포츠트레이너가 남들에게 보이는 직업은 아니잖아요. 뒤에서 선수들을 서포트 하는 것이 주 업무니까요. 사람들에게 잘 보이는 직업은 아니지만, 뒤에서 묵묵히 일하는 스포츠트레이너들이 많습니다. 사실, 이 자리는 참 외롭거든요. 하지만 자신의 일을 묵묵히 하다보면 언젠가 선수들도 다 알아주고, 자신의 자리를 잘 지키고 있으면 결국은 모두가 다 알아준다고 생각해요. 그래서 다들 열심히 하자는 말을 하고 싶어요.

스포츠트레이너들은 모두 대단한 것 같아요. 사실 저보다 더 열정적인 분들도 많죠. 특히 제가 계속 동계 종목을 이야기하는 것도, 동계 종목이 아무래도 지원이 많지 않다 보니 일손이 정말 많이 부족해서예요. 트레이너들은 트레이너의 일 외에 다른 일도 많이 합니다. 저도 트랙에 나가면 선수들의 경기 모습 영상을 찍어줘야 하고, 스키 같은 종목은 트레이너들도 경기장 곳곳에 폴을 꽂으러 다녀요. 또 직접 운전을 하며 이동하고, 밤에 선수들을 치료해요. 이렇게 정말 고생하시는 트레이너님들이 많은데, 적어도 우리끼리는 서로 힘들게 일하고 있다는 걸 다 아니까 좀 더 힘냈으면 좋겠어요.

Question 스포츠트레이너라는 직업을 추천하시나요?

하고 싶으면 추천하죠. 그런데 그건 본인의 결정에 달린 것 같아요. 하고 싶으면 하고, 하고 싶지 않으면 하지 않는, 본인의 결정이요. 왜냐면 저도 대학교 다닐 때, 주변 선배들이 모두 이 일을 하지 말라고 했거든요. 그런데 무슨 생각이었는지 저는 이 일을 시작했고 지금도 하고 있죠. 각자 자기의 인생을 사는 것이고, 자기의 길은 자기가 선택하는 거니까 제가 하라고 하면 하고, 하지 말라고 하면 하지 않는 것도 아니죠. 본인이 하고 싶다면 응원합니다. 근데 사실 쉬운 길은 아닌 것 같아요. 그걸 감수할 수 있으면 하는 거죠.

저는 스포츠트레이너라는 직업을 후회한 적이 없습니다. 지금도 재밌어요. 물론 선수들이 아플 때는 저도 힘들지만, 제 일이 좋고 재밌어요. 3년차 때 슬럼프를 느끼고 도망쳤다가 다시 돌아와서는 지금까지 여전히 좋아요. 저는 지금 병원 생활 3년에 팀 생활 7년을 더해 총 10년차인데 여전히 행복합니다.

Question 꿈을 찾아가는 학생들에게 해주고 싶은 말이 있나요?

학생들이 자기가 하고 싶은 일을 했으면 좋겠어요. 앞서 말씀드렸듯이 제가 얼마 전에 서핑을 하러 갔다 왔는데, 그곳에서 약간 충격을 받았어요. 그곳의 서핑 강사들은 주 6일을 일한대요. 그런데 쉬는 날에도 서핑을 하러 가더군요. 그건 정말 자기가 좋아서 서핑을 하고, 강사 일을 하는 거잖아요. 서핑 강사가 쉬는 날에도 서핑을 한다는 것이 저에게는 충격이었어요. 저라면 직업으로 하는 일을 주말에까지 하는 것은 쉽지 않을 것 같거든요. 그래서 그 서핑 강사들을 보며, 자기가 하고 싶은 일을 하면 그만큼 능률도 오르고 행복하게 살 수 있지 않을까 싶었습니다. 물론 좋아하는 일을 찾고 그 일을 하기는 쉽지 않죠. 그래도 자기가 하고 싶은 일을 했으면 좋겠어요.

육상부 투척부의 창던지기 선수로 특수목적고등학교에 진학했다. 하지만 부상을 입고 더 이상 운동을 할 수 없는 상황이 되었다. 그래서 특기생이 아닌 일반 대학생으로 진학할 수 있는 진로를 찾다가 왠지 특별한 매력을 가진 직업을 가질 수 있을 것 같다는 마음에 특수체육교육학과에 입학했다.

대학 생활을 통해 장애인 스포츠에 대한 관심이 커졌고 관련된 대외 활동에 몰입했다. 대외 활동을 하던 중 직접 신인선수를 발굴할 기회까지 생겼고 그렇게 자연스럽게 부산시장애인체육회에 입사하게 되었다.

장애인생활체육지도자는 인내심이 필요할 때도 있지만 그만큼 더 큰 성취감을 안겨주는 직업이다. 앞으로도 현재의 삶에 안주하지 않고 행복과 원동력을 전해주는 사람이 되기 위해 노력하고 있다.

부산시장애인체육회

안치훈 장애인생활체육지도자

- 현)부산광역시장애인체육회 장애인생활체육지도자
- 현)올바른 특수체육교실 운영
  (부산, 경남지역 특수체육 출강)
- 현)부산종합사회복지관 자립전환지원센터
  특수체육전담(장애인, 비장애인 통합)
- 현)부산장애인육상연맹 육상 코치
- 현)부산육상연맹 육상 심판
- 전)한국과학창의재단 특수체육교실 팀장
- 전)코이카봉사단(네팔) 체육교육 팀장
- 가야대학교 특수체육교육과 졸업
- 특수학교(중등)정교사2급 체육 취득
- 장애인스포츠지도사(육상) 2급 취득
- 사회복지사2급 취득

스포츠 트레이너의 스케줄

안치훈 트레이너의 **하루**

22:00 ~ 07:00
▶ 수면

07:00 ~ 08:00
▶ 출근 준비 및 아침 식사

08:00 ~ 09:00
▶ 출근 및 수업 준비

17:30 ~ 19:30
▶ 퇴근 및 저녁 식사

19:30 ~ 22:00
▶ 가족과의 시간, 휴식

09:10 ~ 12:20
▶ 수업

13:20 ~ 17:30
▶ 수업 또는 수업 연구

12:20 ~ 13:20
▶ 점심 식사

열정을 다한 동아리 활동

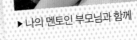
▶ 나의 멘토인 부모님과 함께

▶ 대학교 졸업식 날, 부모님과 함께

▶ 운동 프로그램 진행 중

학창 시절에는 어떤 학생이었나요?

단순히 정말 활발하고 장난기 많은 학생이었던 것 같아요. 저는 특수목적고등학교를 졸업했는데, 성적에 대해서 크게 관여를 받지 않고 특수 목적에 맞는 자신에 분야에서만 성적을 내면 되는 학교였어요. 일반적인 학업 성적에는 크게 관여를 받지 않았죠.

 학창 시절이 장애인생활체육지도자가 되는데 어느 정도 영향을 미쳤나요?

저는 특수체육교육학과에 입학을 했기 때문에 대학 시절 내내 장애인과 관련이 많은 활동을 했어요. 대학 생활을 하면서 자연스럽게 장애인 스포츠에 대한 관심도가 높아졌고 그와 관련한 대외활동도 활발히 했습니다.

특수체육교육학과를 선택하신 이유는 무엇인가요?

제가 생각했을 때, 일반체육학과를 선택하는 건 경쟁력이 없었어요. 대학 진학을 앞두고 학과를 알아보던 중에 특수체육교육학과를 알게 됐고, 특수성이라는 매력을 느끼게 돼서 선택했습니다. 특수체육교육학과에 입학하게 되면 특별한 매력이 있는 직업을 가질 수 있을 것 같아서 선택하게 된 거죠.

원래는 육상부 투척부의 창던지기 선수로서 대학에 진학하려고 했었어요. 그런데 운동을 하면서 부상을 입고, 더 이상 운동을 할 수 없는 상황이 되고 나니 특기생이 아닌 일반 대학생으로 공부할 수 있는 대학교를 찾게 되었습니다.

대학 생활은 어땠나요?

대학 생활을 할 때, 다른 학생들은 거의 성적을 잘 받을 수 있도록 공부를 많이 하고 대외 활동은 많이 하지 않았는데 저는 반대로 대외 활동에 많이 참여했어요. 학교 성적보다는 대외 활동에 중점을 두고 거기에서 경험할 수 있는 것들을 많이 경험했죠. 특수체육교육학과다 보니까 장애인에 관련된 대외 활동을 많이 했고요.

Question 기억에 남는 대외 활동은 무엇인가요?

효과적으로 현장에 저희의 재능을 기부하기 위해서, 장애아동체육교실이라는 동아리를 마음 맞는 친구들과 함께 만들었어요. 저희 과가 아닌 타과에서도 많은 친구들이 동아리 활동에 참여했죠. 그런데 활동을 하다보니까 운영하는 데 있어서 돈이 많이 부족한 거예요. 그래서 끙끙 앓고 있었는데 문득 학교 복도 게시판을 보고 한국과학창의재단의 지원금을 받고 운영할 수 있는 동아리 프로그램이 있는 걸 알게 되었죠. 여기다 싶어서 장애아동체육교실에 관련된 사업계획서를 제출했고, 저희 동아리가 채택되었어요. 그래서 재단에서 교육을 받고, 많지는 않지만 지원금을 좀 받으면서 비록 돈이 없는 대학생이었지만 저희 나름대로 그 돈으로 1년간 엄청나게 열심히 활동했어요. 일단 밖으로 잘 나오지 않는 장애 아동 및 성인 장애인들이 바깥으로 나올 수 있도록 홍보를 많이 했죠. 소외된, 혹은 도서지역에 사는 아이들을 저희 대학 강당에 모이게 해서 체육 활동을 하며 에너지 발산을 할 수 있도록 하는 프로그램들도 많이 진행했고요.

동아리 활동 중 특히 진로에 도움이 될 만한 활동을 한 것이 있었나요?

장애아동체육교실 프로그램을 진행할 때, 유독 눈에 띠고 신체적으로 많이 발달된 학생이 한 명 있었는데 그 학생을 단순 장애아동체육교실이 아닌 전문 체육 쪽으로 연결해 주려고 아이의 어머님과 상담을 한 적이 있습니다. 그때 학부모님께선 어떻게, 어디로 가서 아이가 체육을 계속 하면 좋을지 알아보고 소개해 달라고 저에게 직접 요청하셨어요. 저는 당시 학생이다 보니까 그런 정보가 많이 없어서 정보를 찾아보았고, 저희 학교가 경상남도 김해에 있다 보니 우선 경상남도 장애인체육회를 알게 되었죠. 그래서 활동을 하고 있는 현장에 직접 찾아가 지켜보기만 하면서 그 아이에게 맞는 활동을 찾아주기 위한 정보를 입수했어요. 아이에게 맞을 활동을 찾기 위해 여러 방면으로 조사를 하고 다녔죠. 그래서 장애아동체육교실 이외의 시간에 그 아이와 1대1로 육상 종목으로 훈련을 하기도 했어요. 그러던 중 경상남도 장애인체육회 우수신입선수 발굴프로그램이 있는 걸 발견했습니다. 그래서 제가 직접 응모를 해서 그 친구는 테스트를 받았고, 결국 신입선수로 발탁이 되었습니다. 제가 신인 육상선수를 발굴한 거죠. 그게 제일 기억에 남아요.

특수체육교육학과에서는 어떤 것을 배우나요?

전반적으로 장애인의 이해, 그 다음에는 교육학 등, 학문적으로 굉장히 많은 걸 배웁니다. 교육학 관련 내용을 배우고, 각 장애 유형별 관련 내용도 배우죠. 그리고 가장 큰 일은 교생 실습을 나가는 것입니다. 학교 현장에 직접 나가서 아이들을 가르칠 수 있는, 예비 교사로서의 기회가 주어졌죠.

교생 실습을 할 때는 어떠셨나요?

제가 교생 실습을 하러 현장에 갔을 때 가위바위보에
지는 바람에 교생 대표를 하게 되었어요. 교생 대표는 대표
연구수업 촬영을 해야 하거든요. 연구수업은 학교별 대표
교생 1명이 수업을 진행하는 모습을 촬영하여 자료를 제출
해야 하는 것인데, 그 수업을 진행하면서 일어난 일이 특히
기억이 납니다. 한 학생이 자폐 아동이었는데, 폭력성이 다분한
학생이었어요. 그 학생이 체육활동을 하다가 폭력성을 억제하지 못하고 보조 실무원 선
생님을 마구 때린 후 학교 밖으로 탈출하는 일이 있었죠. 유리창도 다 부서진 그런 상황
에서 얼른 학생을 안정시켜야 한다는 생각이 들어 제가 직접 팔다리를 꽉 잡고 힘으로
제압하려 했어요. 그렇게 잠시 시간이 지속되다 보니까 그 친구도 힘으로는 안 될 걸 알
았는지 다르게 표현을 하기 시작하더라고요. 저는 그것을 보고 '아, 이렇게 행동 수정을
하면 안 되겠구나. 조금 더 오래 걸려도 올바른 방법으로 행동 수정을 생각해서 적용해
야겠구나.' 하는 것을 많이 느꼈어요.

 ## 진로를 선택할 때 영향을 준 분이 계셨나요?

일단 저의 직업에 관련해서 '너는 이걸 해라, 너는 이게 맞다'라고 직접적으로 이야기
해주신 분은 없었고, 영향을 많이 주셨던 분은 부모님이셨어요. 제가 성적을 잘 받아오
지 못하고 자주 밖에 나가는 것도 다 대외 활동을 하러 나가는 것이다 보니 부모님과 대
화를 할 때도 자연스럽게 대외 활동에 관련된 대화를 많이 하게 되었어요. 그리고 부모
님께선 그때 저의 이야기를 되게 잘 들어주셨어요. 대화를 나누면서 전문적인 피드백이
아닌 인간 대 인간으로서의 피드백을 정말 많이 해주셨거든요. 그래서 제 멘토라고 할
수 있는 분은 부모님인 것 같아요. 제 개인적인 이야기를 정말 많이 들어주셨으니까요.

장애인생활체육지도자가 되기로 결심한 이유는요?

앞서 말씀드렸던 1대1 코칭을 했었던, 제가 발굴해 신인 육상선수가 된 그 친구로 인해서 결심을 굳히게 되었죠. 장애인 스포츠를 실질적으로 육성할 수 있는 단체가 장애인체육회이고, 제가 경험했던 것과 공통점이 많은 단체였기 때문에 진로를 결정하는 것은 정말 쉬웠던 것 같아요.

Question 나의 진로에 영향을 준 사연이 있다면요?

교생 실습을 나갔을 때 본 학교 현장은 정말 체계적으로 움직이더라고요. 특유의 딱딱한 분위기의 환경이 당시 저와는 맞지 않았어요. 교생 실습을 하면서도 정말 갑갑하다는 느낌을 많이 받았거든요. 그에 비해서 장애인체육회에서는 형식이나 틀에 얽매이지 않고 제가 지도하는 것이 바로 교육과정이 되는 거잖아요. 그것에 가장 큰 매력을 느꼈죠.

Question 진로를 선택할 때 기준은 무엇이라고 생각하시나요?

제가 현재 하고 있는 일을 진로로 선택할 때는 이 일에 대한 열정과 의욕이 확 불타오르기보다는 자작나무가 타듯이 서서히 타올랐거든요. 그래서 우선은 차근차근 자기 관심사에 최선을 다해 보는 것이 좋겠어요. 자신의 관심사에 최선을 다하다 보면, 이 직업을 가지면 어떨까라는 진지한 생각을 하게 되잖아요. 인생을 살면서 함께할 직업이니까 그렇게 생각을 하다보면 자기 자신에게 맞는 직업관이 형성되지 않을까 생각합니다.

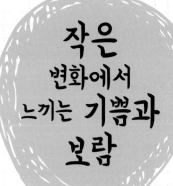

작은
변화에서
느끼는 기쁨과
보람

▶ 직장 동료들과 야외 훈련장에서

▶ 동료들과 함께 찍은 단체 사진

▶ 장애인생활체육지도자는 장애인의 사회성과 인성 발달에
도 도움을 줄 수 있는 직업이에요.

Question 어떻게 장애인생활체육지도자를 꿈꾸게 되었나요?

장애인들에게 트레이닝을 시켜서 선수로 만드는 것도 중요하지만 일단 장애인들을 생활권으로 조금 더 나오게 하고 싶었어요. 장애인의 활동과 사회 참여를 유도하는 것에 많은 매력을 느꼈어요. 제가 소외된 장애인 분들을 자연스럽게 육상이나 전문체육 및 생활체육으로 유도해서 참여하게 하고, 나아가 그분들이 하나의 취미와 꿈을 갖도록 하는 거죠. 체육 활동을 하면서 꿈을 갖게 하는 저의 역할이 장애인 분들이 꿈을 갖는 것에 몇 %라도 기여할 수 있다는 것에 많은 매력을 느꼈습니다.

Question 장애인생활체육지도자의 매력은 무엇인가요?

가장 큰 매력은 트레이닝을 받는 사람이 변화하는 과정에 있죠. 참 단순하죠? 장애인 친구들의 예절은 물론, 이전에는 부모님과 동행하여 훈련장에 왔다면, 이제는 본인이 직접 이동할 수 있는 자발성, 마음가짐과 태도, 사회성 등이 길러지는 과정에 많은 매력을 느꼈습니다. 장애인생활체육지도자는 단지 선수의 트레이닝을 하는 것뿐만 아니라 장애인의 사회성과 인성 발달에도 도움을 줄 수 있는 직업이라는 것에 많은 매력을 느끼고 있어요.

Question 장애인생활체육지도자는 어떻게 준비해야하나요?

우선 장애인 관련 전문학과에 진학하면 조금 더 도움을 받을 것 같아요. 그리고 그 후에 취득해야 할 자격증이 있어요. 교원자격증이 있으면 제일 좋고, 생활체육지도자연수원에서 시행하는 장애인스포츠지도사 자격증을 취득하면 조금 더 이런 직업의 진입 문턱이 낮아진다고 봅니다. 수시로 채용 공고 등의 정보도 확인해야 하고요.

부산시장애인체육회에 자원하게 된 동기는 무엇인가요?

일단 장애인체육회와 인연이 닿은 적이 있었고, 업무의 연관성도 높기 때문이었죠. 봉사활동부터 대학교 시절 선수 1대1 육성 활동까지, 장애인체육회를 거치지 않은 활동이 없었거든요. 장애인체육회를 통해서 지원금도 많이 받았고요. 그런 인연을 통해 제 역량을 조금 더 자유롭고 자연스럽게 발휘할 수 있는 단체라는 걸 느꼈기 때문에 지원했어요.

 현재 하시는 일에 대해서 설명해주세요.

장애인생활체육지도자로서 장애인 분들이 생활체육 영역에 참여할 수 있도록 전반적인 동호회 활동과 교실 사업 운영을 하고 있습니다. 생활체육 영역부터 전문체육 영역까지 모두 아우르며 서로 연계를 하는 일도 하고 있고요. 전문체육 영역에 포함되는 장애인 육상팀까지 자연스럽게 도맡아서 하고 있습니다.

Question 장애인생활체육지도자의 일과가 궁금합니다.

일단 9시 정시에 출근을 하고요. 출근한 뒤에는 자신이 맡은 수업에 대해서 한 번 더 점검을 합니다. 연초에 연간계획과 월간계획을 수립하는데, 그 계획을 참고해서 매일 그날의 스케줄을 점검합니다. 오전에는 주로 그런 일을 합니다.

그리고 선수 발굴 작업에도 초점을 맞추고 있습니다. 오후에는 실질적인 트레이닝을 많이 해요. 오후 3시부터 5시 30분까지 종목별 트레이닝을 하는 거죠. 종목별로 지도 선생님들이 계신데, 선수들이 장애인의 특수성을 가지고 있기 때문에 한 명의 선생님이 모든 지도를 하지 못해요. 그래서 여러 명의 선생님들이 붙어서 지도를 하고 있습니다. 트레이닝을 마치면 6시에 퇴근을 합니다. 저희는 거의 정시출근 정시퇴근을 합니다.

Question 가장 기억에 남는 경기나 시즌은 언제인가요?

일단 1년 중 가장 큰 체육행사는 전국장애인체육대회인데, 선수들이 그 행사에 종목별로 참여합니다. 저는 육상 종목 담당으로서 그 대회에 참여하게 되었죠. 어떻게 보면 전문체육은 성적을 거두어야 하는 영역이잖아요. 성적을 매해 내기 위해서 많은 노력을 하고 있는데 그중에 가장 기억에 남는 경기는 2018년 대회에서 뇌병변, 뇌성마비 장애인 분들이 팀을 결성해서 치른 계주 경기예요. 원래 이론상으로는 메달권에도 들지 않는 그런 순위의 팀이었는데, 1등을 하게 되었어요. 뇌병변 장애 선수들은 자기 몸 자체를 컨트롤하는 능력이 조금 저하되어 있다 보니 배턴을 받는 과정에서 다른 시도 선수들이 넘어지기 시작했고, 결국 저희 시도 선수들을 제외한 다른 선수들이 다 넘어진 거죠. 사실 저희 선수들은 차분하게 배턴을 넘기면서 골인하는 것에만 목적을 두고 있었어요. 그렇게 골인에만 목적을 두었던 것이 1등을 하게 만든 거죠. 그게 가장 기억에 남는 경기였어요.

Question 경기 전에는 어떤 준비를 하시나요?

우선 선수들의 컨디션 조절이 제일 우선입니다. 대회 2주 전부터 컨디션 적응을 하게 되죠. 선수들은 특수한 신발, 장비들을 착용하고 경기에 임하는데, 그러한 장비들을 대회 두 달 전부터 신기거나 입히거나 착용하게 하여 적응하는 기간을 둡니다. 장애인 선수들은 비장애인과 다르기 때문에 적응하는 시간을 좀 길게 잡고 그런 것들을 준비하죠. 그리고 운동 강도를 낮춰요. 시합 날짜가 가까워질수록 운동 강도를 높이면 시합 당일에 아프다고 하는 경우도 생겨서, 부상 방지를 위해 기존의 운동 강도보다 절반 이상 강도를 낮춥니다. 딱 필요한 부분만 트레이닝을 하고 그 후의 시간은 거의 휴식 시간을 가집니다. 식단은 학부모님과의 상담을 통해 2주 전부터 가벼운 음식을 해달라고 이야기를 하고 그 외에는 특별한 관여를 하지 않습니다.

Question 장애인생활체육지도자는 어떤 자세나 마음가짐을 가져야 할까요?

늘 새로워야 해요. 그 새로움이라는 것이 어떤 것이냐면 장애인 선수들이 트레이닝을 할 때, 비장애인 분들이 볼 때는 별다른 변화가 없어 보이지만 사실은 아주 작은 부분들, 예를 들어 출석체크를 할 때 움직이지 않고 자세를 유지한다든지, 그런 작은 것에 목표를 두거든요. 이렇게 작고 섬세한 부분들에 대해서 항상 새로운 마음을 가져야 해요. 조그마한 변화도 장애인들에게는 큰 변화이기 때문에 항상 매일, 매달, 매시간 새로운 자세로 임해야 할 것 같아요.

Question 장애인생활체육지도자라는 직업을 처음 시작했을 때의 이야기를 들려주세요

저는 전임자 한 명이 나간 자리를 대신 채울 사람으로 들어왔는데, 들어오자마자 휠체어 사이클 종목을 맡게 되었어요. 전에 일하시던 분 덕분에 많이 일구어져있던 종목이지만 부족한 부분들도 많았어요. 당시 휠체어 사이클을 하시던 분들은 생활체육 영역에 속했고 대부분 연령대가 50~60대셨습니다. 그런데 장애인체육회에서 운영하는 교실 운영 사업을 따올 수 있는 서류 자격이 되는 분이 한 분도 안 계셔서, 명의는 선수 분으로 하되 서류는 제가 다 준비했어요. 저는 그때 많은 시행착오를 겪으면서 이분들이 스스로 자생하고 자립할 수 있는 팀을 만들려고 노력했어요. 그리고 지금은 제가 굳이 나서지 않아도 이분들이 직접 장비를 수리하고 운영비를 받아서 용품도 사고, 외부 강사를 뽑아서 직접

운영도 하는, 그런 수준까지 올라왔고요. 그리고 이분들은 척수 장애가 있다 보니 사고에 대한 아픔이라든지 후유증이 많았어요. 마음의 문을 잘 열지 않았기 때문에 일을 처음 시작했을 땐 시선이 엄청 따가웠죠. 훈련장이 마치 시험을 치르는 장소처럼 느껴질 때도 많았는데 크게 연연하지 않고 끝까지 팀을 맡았어요. 맡은 일을 끝까지 하다 보니 그분들도 자연스럽게 마음을 여시더라고요. 그때 겪은 일이 현재 하고 있는 일의 기반을 다진 셈이죠. 팀이라는 것을 운영하게 된 시작점이 그때였으니까요. 이 경험으로 육상팀도 만들게 된 거고요.

 장애인생활체육지도자로 힘든 점은 무엇인가요?

기다리는 게 제일 힘들어요. 단순히 이 친구의 운동 능력이 향상되기를 기다리는 것뿐만 아니라, 한 번은 용변 처리를 하면서 세 시간까지 기다려 본 적이 있는데 화장실에 들어가 버리면 오랫동안 기다려야 하거든요. 특히 자폐성 장애를 가진 아이들은 자기가 보고 싶을 때 용변을 보는 것이 아니라 용변을 보고 싶지 않아도 정해진 시간에 화장실에 들어가서 볼일을 볼 때까지 기다리는 일도 많아요. 그런 점이 조금 힘들 때가 있어요. 아무래도 개인 생활까지 깊숙이 들어가야 되는 경우에는 힘들죠.

 담당 직무의 장점으로는 무엇이 있나요?

장애인 체육을 통해서만 관련 직업을 가질 수 있는 장애인 선수들이 직업을 가질 수 있도록 도울 수 있는 점이 장점이죠. 예를 들어 장애인 선수가 어떤 병원에 소속되어 선수 활동을 할 수 있도록 지원을 받으면서 운동을 하고, 이런 학생 선수들이 고등학교를 졸업하면 운동선수로 취업을 하게 됩니다. 그래서 장애인 체육 분야는 근로연계까지 자연스럽게 이루어질 수 있는 정도가 되지 않았나 싶습니다. 지금은 다른 종목도 발전하고 있지만 특히 많은 선수가 육상 종목에서 취업을 할 수 있다는 점이 장점이라고 생각합니다.

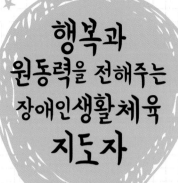

행복과
원동력을 전해주는
장애인생활체육
지도자

▶ 올해의 체육인 수상

▶ 강의를 진행하는 모습

▶ 장애인생활체육지도자의 덕목은 헌신과 정의감,
　올곧은 마음, 그리고 전문 지식이에요

현재 직업에 대한 주변의 반응은 어떤가요?

대체적으로 장애인을 상대하는 직업이라고 이야기하면 좋은 일을 한다는 반응이 제일 많고, 그 외에도 힘들겠다, 지치겠다는 걱정의 말씀도 많이 하십니다. 그리고 장애인 스포츠라는 분야가 아직 많이 생소하기 때문에 그에 대해 물어보시거나 궁금해 하시는 분들이 많아요. 평창 패럴림픽 컬링 경기 이후로 질문이 굉장히 많아졌어요. 장애인에 대한 관심이 국가적으로나 사회적으로나 많아지는 계기가 되었죠.

Question 장애인생활체육지도자로서 뿌듯했던 적이나 자부심을 느낀 순간은 언제였나요?

직접 선수를 발굴하고, 전문 선수로 육성하고, 그 선수가 우수한 성적을 내 아시안게임까지 나가게 된 케이스가 몇 있었어요. 그때가 가장 뿌듯했죠. 당당히 실업팀에 입단해 선수로 지내고 있는 모습을 보며, 또 유니폼을 입고 저희 운동장에서 같이 운동하는 모습을 보며 뿌듯함을 느꼈어요. 이런 훌륭한 선수들이 저희 시도에서 운동을 하고 대회에 나가 유니폼을 입고 성적을 내는 것, 이 선수가 부산 선수라는 것에 가장 자부심을 느껴요.

Question 더 훌륭한 장애인생활체육지도자가 되기 위해 어떤 노력을 하고 계신지 이야기해 주세요.

사실 지도 노하우가 쌓이다 보면 조금 안주하는 삶을 살 수 있거든요. 어느 정도의 선에 다다라서 '이 정도면 됐지' 하는 안주하는 마음을 갖게 되더라고요. 하지만 장애인생활체육지도자는 계속 지도를 하면서 역량을 강화하고, 어느 순간에는 자신의 한계를 뛰어 넘어야 해요.

성적을 잘 내는 것도 중요하지만, 조금 더 경쟁력 있는 팀을 만들기 위해서 지도에 관한 역량뿐 아니라 팀을 경영, 운영할 수 있는 행정적인 역량 강화를 많이 하고 있습니다. 그리고 학부모님들도 걱정을 많이 하고 계세요. 자녀가 성장했을 때, 딱히 갈 데가 없다 보니 미래나 진로에 대해서도 대화할 일이 많습니다. 그래서 저는 장애인 친구들이 운동뿐만 아니라 사회적으로 성장하는 것을 돕는 데 필요한 공부를 많이 하고 있습니다.

Question 현재의 멘토가 있나요?

저는 사실 여자 친구에게 정말 많이 배우고 있습니다. 여자 친구가 장애인에 대한 전문적인 지식을 갖고 있는 것은 아니지만 인간적인 부분에서 저와 많은 이야기를 나누거든요. 여러 이야기를 하면서 제가 나아가야 할 방향을 찾을 수 있게 되었고 목표도 확고해졌죠. 여자 친구가 심리학을 전공하는데 심리학은 장애인 친구들과도 연관성이 많거든요. 주로 선수들의 심리적인 부분에 대해서 여자 친구와 대화를 나누다보니 스포츠심리라는 분야와도 접목하여 생각할 수 있게 되었어요. 나중에 기관을 만들어 운영을 한다면 이런 것들을 활발히 연계하여 활용해야 되기 때문에 여자 친구에게 많이 배우고 있어요.

특히 심리학적인 측면에서, 트레이닝을 할 때 운동을 하는 것뿐만 아니라 선수와 대화할 수 있는 방법에 대해서도 많이 배우고 있죠. 대화를 하는 것 자체가 장애인 선수들에게 조금 더 긍정적으로 대회에 참여할 수 있는 환경을 만들어 주고 있어요. 그런 부분에서 확실히 여자 친구에게 많은 도움을 받았죠. 미래를 생각하며 함께 나아갈 수 있는 방향성을 공유하고 있다는 점도 좋고요.

Question 장애인생활체육지도자로서 바람이 있다면요?

제가 장애인 정책들이 활발히 생겨나는 시기에 입사했어요. 그런데 그런 정책들이 생겨난 계기는 매우 단순했죠. 장애인 페럴림픽이 평창에서 열렸잖아요. 그 후로 엄청나게 많은 관심을 받고, 장애인 지도자나 장애인 선수들에 대한 처우 개선 관련 정책들이 많이 반영되었어요. 앞으로 그런 정책들이 말로만 이루어지거나 법으로만 애매모호하게 명시되는 것에 머무르지 않고 보다 명확하고 실질적으로 이루어지면 정말 좋을 것 같습니다.

Question 앞으로 이루고 싶은 목표가 있나요?

장애인 육상팀을 운영하다 보니까 이 친구들에게 사회적으로 도움이 될 수 있는 일들을 하고자 개인적으로 노력하고 있고, 최종적으로는 장애인 주간보호시설이라든지 장애인센터를 만들고 운영하며 여러 방면에서 장애인들에게 많은 도움을 주고자 하는 목표가 있어요.

Question 장애인생활체육지도자로서 가진 신념이 있다면 무엇인가요?

장애인들에게 달팽이라는 표현을 많이 하거든요. 달팽이는 100m라는 거리를 가는데 아무리 오랜 시간이 걸려도 어떻게든 결국 도착을 하잖아요. 그러한 제목의 책도 있고요. 저는 장애인 선수들이 느려도 절대 늦지는 않는다는 신념을 가지고 있습니다.

Question 좌우명이 있다면 무엇인가요?
- -

'수처작주(隨處作主)', '본인의 일에 주인 의식을 가지고 임하자'라는 뜻입니다. 어쨌든 주인 의식을 가지고 제가 맡은 일에 최선을 다하다 보면 복을 많이 받더라고요. 생각지도 못한 분야의 길도 알게 되고, 여러 기회를 얻기도 했고요.

Question 장애인생활체육지도자 안치훈은 어떤 사람인가요?
- -

저는 행복과 원동력을 전해주는 사람입니다. 저는 제가 인간적인 사람이라고 생각해요. 저는 장애인스포츠지도자이지만 요즘엔 그 외적으로도 장애인 분에게 많이 다가가고 있어요. 장애인 스포츠 외에도 인간적인 부분에서, 그리고 운동뿐만이 아니라 다른 취미도 가질 수 있도록 상담을 많이 해주려 노력하고 있어요. 운동 외에 또 다른 취미를 가짐으 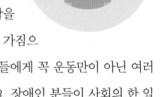 로써 운동을 하는 원동력을 얻는 분들도 계시고, 그런 분들에게 꼭 운동만이 아닌 여러 사회 경험을 알려주고 싶거든요. 물론 제가 아는 선에서요. 장애인 분들이 사회의 한 일원으로 합류할 수 있도록, 그런 길을 열어주려고 노력하고 있어요.

Question 학생들에게 생활체육지도자라는 직업을
- -
추천하시나요?
- - - - - - - - -

저는 추천합니다. 점점 발전하고 있고 정책적으로도 계속 지원을 받고 있는 추세의 직업이기 때문에, 그리고 한 사람으로서 성숙해질 수 있는 환경도 만들어지기 때문에 추천

해주고 싶어요. 이 직업을 통해서 사회복지 쪽으로도 눈을 넓혀갈 수 있을 것 같아요. 장애인 교육 분야는 처음 들어가는 문은 좁아 보이지만 막상 들어와서 보면 세부 범위가 굉장히 넓거든요. 조금 더 열정을 가진 사람들이 많아지면 이 분야 전체가 더 발전할 수 있는 가능성이 커질 것이라고 생각하기 때문에 전 추천해주고 싶습니다.

Question 꿈을 찾아가는 학생들에게 한마디 해주신다면?

아이들이 직업을 선택하는 기준을 보면 보통 꿈보다는 돈이 우선이더라고요. 물론 돈이 최고라고 할 수도 있지만, 좋아하는 일을 진심으로 하다보면 돈은 자연스럽게 따라오는 것이라고 생각해요. 저는 돈에 얽매이지 않고, 액수를 생각하지 않고 일과 일 외적으로도 그저 헌신을 했거든요. 돈에 연연하지 않았으면 좋겠어요. 너무 비현실적인가요? 하지만 전 정말 모두가 좋아하는 일을 했으면 좋겠어요. 그게 정말 찾기 힘든 건데, 이 책을 통해서라도 관심을 갖고 있는 분야가 있다면 그 분야에 대해서 책으로만 알리고 하지 말고, 실제로 실습할 수 있고 참여할 수 있는, 학생들이 쉽게 접할 수 있는 그런 제도들을 활용하면 좋겠어요. 물론 정책적으로도 그런 제도가 활발히 펼쳐져야겠죠.

학창 시절, 수영선수로 활동하는 한편 패션디자이너나 연기자도 꿈 꾸는 꿈 많은 소년이었다. 연기자의 꿈을 안고 연극영화과에 진학했지만 항상 연기보단 운동을 하곤 하였다.

건강이 좋지 않으신 부모님과 가족들을 곁에서 지켜보며, 건강하게 살기 위해서 필요한 것을 찾아보며 운동을 시작한 것이 계기가 되어 퍼스널 트레이너의 길을 걷게 되었다.

처음에는 생계를 위해 퍼스널 트레이너를 시작했지만 사람들에게 활기를 불어넣어 주는 퍼스널 트레이너라는 직업의 매력에 빠졌다. 세계 최고의 퍼스널 트레이너가 되기 위해, 모르는 것이 없는 만능 엔터테이너가 되기 위해 끊임없는 공부를 하고 있다.

- -

퍼스널 트레이너, 피지크(보디빌딩)

박은성 선수

- 현) 피트니스팜 PT매니저
- 전) 로드짐 PT매니저
- 전) 맥스짐 휘트니스 팀장
- 2018 SSA피트니스 스타 피지크 입상
- 2018 탱크콥스클래식 피지크 입상
- 2017 머슬매니아 피지크 입상
- 2016 나바코리아 피지크 입상, 스포츠모델 입상,
  WFF GRANDPRIX입상
- 동아방송예술대학교 연극전공 졸업
- 생활스포츠지도사 2급 (보디빌딩)
- 생활스포츠지도사 1급 (수영)
- FISAF KOREA 퍼스널 트레이너
- ADVANCED DIPLOMA
- 수상인명구조요원
- IFPA 퍼스널 트레이닝 자격연수   · IFBB PRO 트레이너

스포츠트레이너의 스케줄

박은성
트레이너의
하루

22:00 ~ 05:30
▶ 퇴근 및 휴식

05:30 ~ 6:00
▶ 기상 및 출근 준비
6:00 ~ 9:00
▶ 수업

17:00 ~ 19:00
▶ 오후 운동
19:00 ~ 22:00
▶ 수업

9:00 ~ 11:00
▶ 오전 운동
11:00 ~ 12:00
▶ 수업

15:00 ~ 16:00
▶ 휴식
16:00 ~ 17:00
▶ 수업

12:00 ~ 13:00
▶ 점심식사
13:00 ~ 15:00
▶ 수업

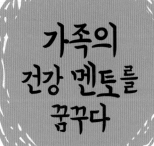

가족의
건강 멘토를
꿈꾸다

▶ 어린 시절, 가족과 함께

▶ 군악대 시절

▶ 군악대 시절 동료들과

학창 시절에는 어떤 학생이었나요?

저는 학창 시절에 주의가 산만한 학생이었던 것 같아요. 친구들하고 항상 방과 후나 쉬는 시간을 활용해서 구기 종목을 많이 했어요. 운동을 정말 좋아했고 오락이나 게임도 좋아했죠. 사실 공부를 좋아하는 편은 아니었던 것 같아요.

 학창 시절이 퍼스널 트레이너라는 직업을 갖는데 어느 정도 영향을 미쳤나요?

일단 어렸을 때부터 수영을 했고 수영선수가 되기 위해 코칭과 강습을 받았기 때문에 학창 시절에는 퍼스널 트레이너가 되겠다는 생각이 전혀 없었어요. 어렸을 때는 수영을 잘하면 수영선수가 될 것이고, 아니라면 학교 선생님, 체육 교사 또는 수영 코치 쪽으로 갈 생각이었죠. 사실 수영을 그만두고 고등학교 3학년 때까지는 연기자, 모델을 꿈꾸기도 했어요. 당시에는 좀 마른 편이어서 건강이 목표였기 때문에 스포츠를 한다는 것에만 의미를 두었고 그것만으로도 너무 힘들다 보니 누군가를 가르치겠다는 생각은 전혀 하지 않았죠. 그래서 학창 시절은 현재의 직업을 갖는 데 큰 영향을 주지는 않았다는 생각이 듭니다.

 학창 시절에 기억에 남는 활동이 있나요?

학창 시절에는 수영을, 밖에 나가면 농구 같은 구기 종목의 클럽활동을 했어요. 학교를 벗어나면 캠핑을 주로 했어요. 여행 다니는 것도 좋아해서 부모님과 새로운 지역을 여행하며 사진을 찍고 추억을 저장해 놓는 일도 많이 했어요. 그래서인지 학창 시절에

한 일들 중에서는 여행이 제일 기억에 남네요.

그 외에는 수영이 제 학창 시절의 대부분이었어요. 오전 9시부터 12시까지는 지구력 강화 훈련으로 웨이트 트레이닝을 했고, 오후에는 수영 실전에 들어갔어요. 이때는 수영 선수로서 빨리 달려서 기록을 줄이는 것이 중요했기 때문에 종목별로 어떻게 하면 1초라도 줄일 수 있는지 연구하고, 수영 모습을 영상으로 확인하는 비디오 판독도 했어요. 코치님의 체계적인 지도로 실제로 기록이 단축됐던 기억이 있어요.

이렇게 수영을 초등학교 1학년 때부터 고등학교 3학년 때까지 했는데, 학창 시절 중간중간 많은 풍파가 있었어요. 일단 집이 가난한 편이었기 때문에 코칭비도 내기 힘들었고 또 스포츠 쪽은 여러 가지로 비용이 많이 들다보니 원활하게 진행이 되지 않았습니다. 중간에 수업을 그만두었다 다시 시작하기를 반복하며 훈련을 했어요. 고등학교 1학년에서 2학년으로 넘어갈 때, 돈을 벌어야겠다는 생각으로 수영 강사 일을 한 적도 있었어요.

Question 학창 시절에 진로에 도움이 될 만한 활동을 한 것이 있나요?

있습니다. 저는 웨이트 트레이닝을 시작했던 것이 중학교 3학년 2학기쯤이었어요. 저희 아버지가 당뇨 합병증이 있으신데, 그렇다 보니 버는 돈을 매번 병원비나 약값에 사용하셨고 거동도 불편하셨어요. 그래서 '나는 아버지처럼 되지 말아야지'가 아니라 '아버지보다는 더 건강한 노후를 보내야지' 하는 생각으로 웨이트 트레이닝을 시작하게 되었어요. 중학교 3학년 2학기 때부터 막연하지만 그래도 일단 책부터 펴고 웨이트 트레이닝을 시작한 거죠. 당시에는 PT*(Personal Training, 개인 운동 지도)라는 개념이 전혀 없었기 때문에, 그저 어깨 너머로 몸 좋은 아저씨들이 하는 행위를 따라하거나 책에 나오는 기본기들을 충실하게 이행하면서 경험을 하는 데 목표를 두었어요. 그리고 악력을 기르기 위해, 팔씨름을 잘하고 싶어서 악력기나 여러 도구들을 사용하여 운동을 하며 힘을 길렀습니다. 그게 나중에 몸을 만드는 데도 굉장히 많은 도움이 됐다고 생각해요.

퍼스널 트레이너로서 꼭 필요한 자질을 학창 시절에 길러야 한다면 무엇을 추천해 주고 싶으신가요?

일단 퍼스널 트레이너로서 가장 중요한 것은 상대방의 신체의 능력과 가지고 있는 질병, 그리고 상대방이 어떤 운동을 했을 때 건강해질 수 있는지를 잘 파악하는 것이기 때문에 기본 영양학에 대해서 잘 알아야 합니다. 그리고 해부학에 대해서도 정말 잘 알아야 하는데, 근육의 종류와 뼈, 신경과 같은 것들에 대해서 자세히 공부한다면 사람들한테 더 많은 것들을 알려줄 수 있지 않을까 싶습니다.

영양학, 해부학과 더불어 아무래도 퍼스널 트레이너는 실제로 운동을 할 수 있는 방법을 터득해야 하기 때문에 학창 시절에 웨이트 트레이닝 등 기본적인 것을 직접 해보는 것도 중요하다고 생각해요. 본인이 할 수 있어야 남들에게도 알려줄 수 있으니까요. 기본적으로 할 수 있는 맨몸 운동, 소도구를 활용할 수 있는 운동을 하고, 필요하다면 헬스장에도 직접 가서 기구들을 다 사용해보는 것도 좋은 방법이라고 생각해요.

Question **대학 진학 시 전공은 어떻게 선택했나요?**

저는 원래 체육 쪽 전공을 선택했어요. 하지만 연기를 해보고 싶다는 생각이 들어서 다시 1년을 재수하고 연극 전공을 하게 되었죠. 그냥 어린 마음에 하고 싶은 것들이 너무 많으니까 나도 연기에 소질이 있지는 않을까 하는 마음으로 연극영화과 전공을 선택했어요. 대학생 땐 연기 전공인데도 하루도 빠짐없이 헬스장에 가서 운동을 하고, 친구들과 볼링이나 당구 등 여러 구기 종목을 즐겼어요. 여기저기 여행도 많이 다녔고요.

Question 퍼스널 트레이너가 된 계기는 무엇인가요?

솔직하게 이야기해서 생계의 문제 때문이었어요. 연기는 사실 연극부터 시작해야 하고 아래에서부터 천천히 경험을 쌓아야 한다고 하면, 보통은 경제적인 능력이 없는 20대 초, 중반 청년으로서는 당장의 생계를 감당하기 어렵기 때문에 외부적인 수단으로 돈을 벌어야 하죠. 저는 그 돈을 벌기 위해 남들이 하는 평범한 아르바이트가 아니라 예전부터 내가 해왔던 체육과 관련된 일을 해야겠다는 생각으로 이 일을 시작했어요.

하다 보니까 돈도 점점 더 잘 벌렸고, 내 몸의 변화도 느꼈어요. 또 사람들에게 운동을 지도하고 변화를 이끌어 내주면서 실제로 사람들이 건강해지고 몸도 좋아지는 것을 목격했죠. 그러면서 퍼스널 트레이너란 사람들에게 새로운 삶을 찾아주는 직업이라는 생각이 들었어요. 계속 경험을 쌓으면서 이 직업이 특별한 메리트가 있고 좋은 직업이라는 확신이 들면서 정확히 대학교를 졸업하기 1년 전쯤에 본격적으로 퍼스널 트레이너가 되어야겠다는 결심을 했어요. 이 퍼스널 트레이너라는 직업이 자신이 공부한 만큼, 그리고 노력해서 몸을 만들고 운동한 만큼의 성과가 있는 유일한 직업인 것 같다는 생각이 들었어요. 어떻게 보면 백 그라운드도 필요 없다고 생각해요. 왜냐면 몸이 좋은 선수를 뽑는 대회에서 몸이 좋다는 것은 그만큼 노력을 했다는 증거니까요.

Question 진로를 선택할 때 가족의 영향을 받은 점이 있나요?

아버지는 당뇨 합병증이 있으시고 큰형은 당뇨, 어머니는 폐암에 걸리셨는데 이렇게 가족들이 다 건강하지 않다보니 가족들을 살리기 위해서 제가 도움이 되어야 했죠. 그런 것은 아무도 해주지 않기 때문에 제가 직접 관련 질병에 대해 공부하면서 가족들에게 이렇게 하면 좋다, 이렇게 운동을 하면 더 나아질 수 있다고 알려 주는 멘토가 되었어요. 제가 더 공부를 많이 할 수 있게 된 계기가 바로 가족들의 질병이었죠. 저는 진로를 선택할 때 가족의 영향을 많이 받았어요.

학창 시절에 다른 장래 희망도 있었나요?

저는 꿈이 많았어요. 한때 장래희망은 패션디자이너였어요. 어렸을 때부터 제가 하루에 옷을 7번 갈아입는다고 어머니께서 칠면조라는 별명도 지어 주셨죠. 고등학교 때는 피팅 모델도 했었어요. 피팅 모델, 각종 아르바이트, 수영 등을 하면서 많은 꿈을 꾸었죠.

사실 고등학교 때 수영의 슬럼프를 점점 겪기 시작하면서 패션디자이너나 연기자가 되어야겠다는 생각을 했는데 결국 패션디자인 쪽으로는 갈 수 있는 방법이 없었어요. 패션디자인을 공부하려면 그림을 잘 그려야 하는데 전 그림을 잘 그리지 못했기 때문이죠. 대신 말을 하는 직업을 선택하자 싶어서 연기 쪽으로 진로를 선택했어요.

진로를 선택할 때의 기준은 무엇이었나요?

저의 기준은 직업의 만족도입니다. 아무래도 직업을 선택할 때는 돈을 많이 벌고 그런 것을 다 떠나서, 이 일을 했을 때 내가 오늘 하루 보람찬 하루를 보냈는지를 기준으로 삼으면 된다고 생각해요.

저는 주유소에서 주유를 하거나 벽돌 공장에서 벽돌을 만들고 분배하는 아르바이트를 했어요. 초콜릿 공장에서도 일을 했고 수도관 밸브를 만드는 공장에서도 일을 하는 등 다양한 아르바이트 경험을 쌓았어요. 제가 아르바이트를 많이 하면서 느낀 건, 아르바이트를 할 때는 시간을 때우듯이 단지 노동을 하고 있다는 것이었어요. 하지만 퍼스널 트레이너는 시간을 때우는 노동을 하는 것이 아니라 내가 가지고 있는 정보를 사람들과 나누는 일을 하잖아요. 노동은 다른 사람들과 나눌 수 없지만, 정보는 나눌 수 있기 때문에 그 점이 아주 좋았습니다. 앞으로 더 좋은 퍼스널 트레이너들이 많이 나와 우리나라 사람들이 조금 더 건강에 신경 쓰고 공부도 한다면, 우리 아버지처럼 아프지 않고 더욱 건강하게 살 수 있을 거라는 생각이 들었죠.

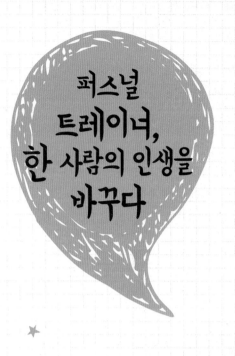

퍼스널
트레이너,
한 사람의 인생을
바꾸다

▶ 바디 프로필 사진

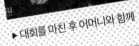

▶ 대회를 마친 후 어머니와 함께

▶ 탱크콥스 대회 참가 당시

퍼스널 트레이너는 어떻게 준비해야 하나요?

생활체육지도사2급 자격증을 취득하는 것이 가장 기본이라고 생각해요. 이 자격증은 대한체육협회에서 발급하는 국가공인자격증이지만, 이 자격증이 있다고 해서 잘 가르치는 것은 아닙니다. 사실 퍼스널 트레이닝은 경험을 통해 나오는 거라고 생각해요. 처음에 한 명을 가르친다고 해서 이 사람을 갑자기 전문 퍼스널 트레이너라고 말할 수는 없어요. 그렇기 때문에 일단 자신보다 운동에 대해 잘 모르는 사람들에게 운동을 가르쳐 봤으면 좋겠어요. 먼저 자신이 공부한 것을 토대로 주변 지인이나 친구, 동생, 부모님을 가르치며 누군가를 가르치는 경험을 쌓아봤으면 좋겠어요.

요즘은 사설업체나 공공기관에서 진행하는 트레이닝 프로그램이 아니더라도 굉장히 다양한 트레이닝의 종류가 있습니다. 재활, 근막이완, 보디 테이핑, 체형교정술은 물론이고, 그 외에도 요즘에는 퍼스널 트레이너인데 도수치료를 할 수 있는 분들도 많기 때문에 기본적인 자격증을 취득하되 자신이 더 관심 있는 분야에 대해 많은 공부를 하고 관련 자격증을 따면 좋겠다는 생각이 듭니다. 그리고 영양학도 많이 공부했으면 좋겠어요.

이처럼 퍼스널 트레이너는 운동을 잘 가르치는 것 외에도 신체에 대해 전반적으로 이해하고 알고 있어야 한다고 생각합니다.

퍼스널 트레이너 채용 준비는 어떻게 해야 하나요?

일단 본인이 이상적이라고 생각하는 퍼스널 트레이너 밑으로 들어가면 좋겠어요. 요즘은 SNS도 많이 발달되어 있고 보디빌딩 선수들도 언론에 많이 공개가 되는 추세이니 내가 밑에 들어가서 배워보고 싶다는 생각이 드는 사람이 있다면 지원해 보면 좋겠어요. 사실 퍼스널 트레이너를 지원한다고 해서 다 되는 것은 아니거든요. 앞에서 말씀드렸다시피 자격을 취득하고 있고, 선수 경력이 조금이라도 있다거나 다른 헬스장에서 조금이라도 근무를 해봤던 사람이 아무래도 채용 우선순위가 되겠죠.

그리고 처음부터 돈을 벌 생각으로 시작하지 않으면 좋겠다는 이야기를 해주고 싶어요. 그런 마음은 정말 욕심이거든요. 이제 갓 일을 시작한 퍼스널 트레이너가 10년 경력을 가진 퍼스널 트레이너와 같은 액수의 돈을 벌기는 어렵기 때문에, 경력과 경험을 쌓다보면 돈은 저절로 벌게 된다고 생각했으면 좋겠어요. 돈 욕심을 부리지 말고 처음에는 배우면서 일한다는 생각을 가졌으면 좋겠습니다.

Question 전공은 어떻게 선택하는 것이 좋을까요?

퍼스널 트레이너를 하려는 사람이라고 해서 꼭 체육교육학과를 나올 필요는 없다고 생각해요. 오히려 타 학과를 나왔지만 개인적으로 공부를 많이 하고, 자격을 취득해서 퍼스널 트레이너를 하는 사람이 트레이닝을 더 잘하는 경우도 많아요. 마찬가지로 저는 오히려 연기를 했던 경험이 도움이 많이 되었던 것 같습니다. 퍼스널 트레이너라는 직업에는 화술이 정말 중요하다고 생각해요. 자신이 가진 지식을 설명하며 예시를 들어준다든지 동작을 묘사한다든지 하여 트레이닝을 받는 사람에게 충분한 목적의식을 심어주는 것도 퍼스널 트레이너의 중요한 자질이거든요. 저는 그런 면에서 연기를 했던 경험, 특히 화술에 있어서 정말 많은 도움을 받았다는 생각이 듭니다.

Question 퍼스널 트레이너의 어떤 매력에 빠지게 되었나요?

한 사람의 인생을 바꾸는 데 있어 퍼스널 트레이너가 중요한 역할을 한다고 생각해요. 신체적 건강, 정신적 건강 등 다양한 측면에서 말이죠. 퍼스널 트레이너는 사람들의 고민도 들어줘야 해요. 말 그대로 정신적인 상담을 해줄 수도 있고, 운동을 처방해주거나 잘못된 생활 습관을 고쳐주기도 하지요. 많은 분들의 생활과 삶의 질이 점차 나아지는 것을 제 눈으로 직접 보며 보람을 느낄 수 있다는 것이 큰 매력이라고 생각합니다.

 **Question** 퍼스널 트레이너는 어떤 특성을 가진 사람에게 적합한가요?

일단 굉장히 활동적이고 사람을 만나는 것을 좋아하는 사람에게 적합하다고 생각합니다. 퍼스널 트레이너라는 직업은 많은 사람을 상대해야 하므로, 사람들과 어울리는 것을 좋아하고, 활동적인 사람에게 적합할 것이라고 생각합니다. 누구나 축 처져있는 트레이너보다는 해피바이러스, 즉 좋은 에너지, 긍정적인 에너지를 풍기는 트레이너에게 트레이닝을 받고 싶겠죠. 내성적인 사람보다는 외향적이고 사교적이고 배려심이 있는 사람에게 적합한 직업입니다. 가끔 운동을 힘들게 시키다 보면 짜증을 내는 사람들도 많아요. 그럴 때 나도 똑같이 기분이 나쁘다는 식으로 받아들이면 안 되겠죠? 아무래도 서비스업이다 보니 기본적으로 서비스 마인드가 있어야 한다고 생각합니다.

Question 퍼스널 트레이너를 하면서 기억에 남는 사연이 있었나요?

제가 홍대 맥스짐에서 일했을 때 회원 중에 50대 소아마비 아저씨가 계셨어요. 그분은 다리 한 쪽에 보정기를 차고, 다리를 아예 사용하지 못하는 분이었어요. 다리를 못 쓰다 보니까 앉아서 하는 운동이나 공 던지기, 가볍게 소도구를 이용해서 할 수 있는 운동을 하며 재활을 했었어요. 그렇게 꾸준히 운동을 하다 보니 살도 많이 빠지고, 건강해지셨죠. 특히 가장 안 좋았던 부분인 허리 때문에 한쪽 다리로 걷는 것을 많이 불편해 하셨는데 어느 순간부터 수월하게 걷고, 생활하는 데 굉장히 즐거움을 느끼시는 것을 보고 나도 한 사람의 인생을 바꿀 수 있구나, 나의 말 한마디 가르침에 상대방이 제2의 인생을 살 수 있겠구나 하는 생각이 들면서 이 직업이 더 좋아졌어요.

두 번째로는 척추 디스크가 있었던 환자가 기억에 남아요. 요추 11번, 12번이 완전히 눌려 앉아서 몸을 숙이는 것 자체가 아예 안 되던 분이었는데 요추와 관련된 스트레칭과 재활 운동을 통해서 그분이 뛰는 것을 보게 됐어요. 그렇게 변화하는 데 정확히 6개월 정도 걸렸는데, 나중에는 그분의 가족들이 전부 다 찾아오셔서 감사 인사를 하셨죠. 그때 보람을 많이 느꼈어요.

 **퍼스널 트레이너로서 뿌듯했던 적이나 자부심을 느꼈던 순간이 있나요?**

일단은 체중이 많이 나가시는 여성 회원 분들의 체중이 30kg 이상 빠졌을 때 뿌듯하죠. 회원 분 스스로 외모의 변화를 느끼고 자신에 대해 만족을 느끼는 모습을 보거나, 실제로 다이어트는 제2의 성형이라고 말할 수 있을 정도로 크게 변화했을 때, 그걸 보면서 보람을 많이 느꼈어요.

자부심은 타 센터에서 PT를 받던 회원이 저에게 와서 '지금 받는 PT는 정말 다르다, 선생님이 너무 잘 가르친다.' 하는 칭찬을 해주셨을 때 느꼈습니다. 예전에 다니던 센터에서는 이렇게 세세하게 가르쳐주지 않았는데, 선생님은 정말 다른 것 같다고 이야기를 해주시니 참 뿌듯했어요.

 더 좋은 퍼스널 트레이너가 되기 위해 어떤 노력을 하고 계신가요?

저는 일단 지금 책을 쓰기 위한 기초를 닦는 느낌으로, 운동의 기초와 영양학 관련 정보들을 하나로 묶기 위한 필기를 하고 있습니다. 그리고 매주 주말마다 시간이 되면 세미나에 많이 참석하려 하는 편이고, 회원들의 운동 결과물에 대한 기록을 많이 남기고 있어요. 다양한 사례들이 있어야 또 다른 회원에게도 지식과 정보를 설명해 줄 수 있는 확신이 100%가 되기 때문이죠. 제가 이런 것들을 잊어버리고 그냥 지나쳐버리면 나중에 기억이 나지 않겠죠. 그럼 사례가 없어서 설명을 해줄 수 없는 상황이 생기기 때문에 가급적 기록을 많이 남기려고 하는 편입니다.

Question 보디빌딩 선수로서 가장 기억에 남는 대회는 언제였나요?

2017년도가 제일 기억에 남아요. 2017년은 노력한 만큼의 대가를 인정받지 못한, 제일 성적이 안 좋았던 때예요. 대회를 준비하면서 운동도 열심히 하고 몸도 잘 만들었지만 대회를 2, 3일 남겨놓고 마지막에 몸을 만들 때가 가장 중요한데, 당시엔 정신이 좀 많이 흐트러져서 결과가 잘 안 나왔던 것 같아요. 대회 때 가족들도 모두 보러 오셨는데 생각한 만큼 결과가 나오지 않아서 가족들과 저를 보러온 사람들에 대한 미안함이 컸어요. 개인적으로도 허탈감이 제일 컸던 경기였던 것 같아요.

그때 선수는 결과보다 과정이 중요하다는 생각이 들었습니다. 제가 이렇게 열심히 운동을 해서 몸을 만들었다는 사실의 과정이 중요하지 결과는 사실 보는 사람의 기준에 따라 다를 수 있고 또 컨디션이나 당일 운에 따라서도 달라질 수 있어요. 1등이 2등이 될 수도 있고, 3등이 1등이 될 수도 있다는 것을 알았죠. 그래서 단시간에 몸을 만들어 나갈 대회가 아니니 A4용지를 꾸준하게 차곡차곡 쌓아서 나중에는 두꺼운 A4용지 한 묶음을 만들듯이, 지속적으로 몸에 근육을 쌓는다고 생각하고 노력해야겠다고 마음먹었죠. 운동은 벼락치기가 아니에요. 어떤 시험은 벼락치기를 해서 운이 좋으면 결과가 좋을 수도 있잖아요. 하지만 운동은 그런 것이 없습니다. 그냥 계속 노력해서 차곡차곡 쌓아야 하고, 그 후에 결과물이 나오는 것이라서 지속적인 노력이 필요합니다.

대회 전에는 어떤 준비를 하나요?

근육의 선명도가 가장 잘 나오기 위한 *로딩(근육 속의 글리코겐을 채워 넣는 과정. 탄수화물을 몸에 저장 하는 것)과 *밴딩(몸속에 남아있는 글리코겐을 고갈시켜서 몸에 남아있는 탄수화물을 모두 제거하는 것)을 합니다. 몸속의 수분을 다 빼보기도 하고, 몸속에 남아있는 글리코겐을 다 빼보기도 하면서 내 몸이 어떤 상태일 때 가장 육체미가 뛰어난지 알아봅니다. 직접 시기를 정해서 해당 시기 동안 몸 상태를 시험해보기도 하며, 어떤 방법으로 했을 때 몸이 가장 좋은지를 파악해서 경기 직전에 그 방법대로 계획을 세워 준비하죠. 대회마다 선호하는 선수의 상태와 모습이 다 다르기 때문에 직접 실험해 보는 거예요. 이렇게 나의 몸이 가장 컨디션이 좋은 시기는 언제인지, 실험과 경험을 통해 알아보며 경기 준비를 합니다.

대회 날짜에 맞춰 몸이 만들어지게끔 준비를 한 다음에는 시합복을 고릅니다. 나와 잘 어울리는 색을 찾아보기도 하고 나의 이미지와 조명에 맞춰 포즈 연습도 하고요. 어떤 포즈를 해야 내 몸이 뚜렷하게 잘 보일지를 아는 것도 매우 중요해요. 보디빌딩은 포즈가 거의 대부분이거든요. 몸이 안 좋아도 좋게 보일 수 있는 포즈를 연구합니다.

Question **보디빌딩 선수로서 특히 힘든 점은 무엇인가요?**

아무래도 다이어트가 제일 힘들어요. 일반인들은 체지방을 제일 많이 빼도 보통 프로필 사진용으로 빼기 때문에 남자는 6~8% 정도, 여자는 12~15% 정도까지 빼는데 보디빌딩 선수는 2%까지 빼야 합니다. 체지방을 2%까지 뺀다는 것은 거의 몸에서 가죽과 근육만 남기고 다 빼는 거예요.  그리고 당장 시합을 앞두고서는 물을 이틀 동안 마실 수 없어요. 단수를 해야만 스킨이 얇아지기 때문에 물을 마실 수 없죠. 또, 제일 힘들었던 것은 적은 양의, 짜 맞춰진 식단의 식사를 하며 수업을 많이 해야 한다는 것이었어요. 사람이 음식을 먹지 않으면 굉장히 예민해지기 때문에 수업을 하는 것도 너무 힘들었죠. 상대방에게 에너지를 다 뿜어내야 정말 좋은 수업을 해줄 수 있는데, 체력이 많이 남지 않은 상태에서 그런 에너지를 내지 못하다 보니 수업 진행도 많이 못하고, 수업의 질이 떨어지는 것 같은 느낌이 들어 특히 힘들었어요.

하지만 이런 힘든 일들을 이겨낼 수 있었던 것은 지지 않아야겠다는 경쟁심과 뚜렷한 목표가 있었기 때문이에요. 아무래도 프로카드를 따려면 대회에서 어느 정도의 순위 안에 들어야하기도 하고요.

Question — **현재 가장 많은 배움을 얻는 멘토는 누구인가요?**

제게 동기를 부여해 주시는 분은 전에 일했던 센터의 김호경 관장님이에요. 항상 운동을 정석으로만 가르치는 습관이 있는 분인데 그 점이 저에게 굉장히 많은 도움이 되었죠. 요즘은 다양한 운동들이 많잖아요. 근데 관장님은 정석적인 운동 코스를 고수하면서 늘 기본에 충실하라는 이야기를 많이 하셨고, 관장님과 운동하며 배웠던 것들이 지금까지도 많은 도움이 되고 있어요.

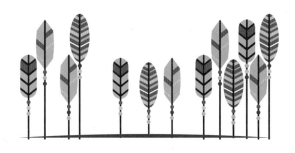

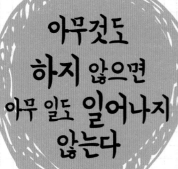

아무것도
하지 않으면
아무 일도 일어나지
않는다

▶ 대회 출전 모습

▶ 대회에서의 모습

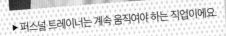

▶ 퍼스널 트레이너는 계속 움직여야 하는 직업이에요.

 **퍼스널 트레이너 박은성**은 어떤 사람인가요?

저는 스스로 정신적으로나 신체적으로나 건강함을 유지하고, 건강할 수 있는 비결을 다른 사람에게 알려줌으로서 주변 사람들도 다 같이 건강해지게 하는 건강전도사라고 이야기하고 싶어요. 건강은 돈을 주고 살 수 없다고 생각합니다. 그래서 저는 저 자신이 상대방을 항상 걱정하는 마음을 갖고 신체에 대해 생각하며 관심을 기울이고 있는 사람 이라는 사실을 스스로도 마음에 들어 하고 있습니다.

 **현재의 직업에 대한 주변의** 반응은 어떤가요?

저와 굉장히 잘 어울린다는 이야기를 많이 해주세요. 다이어트를 할 때나 몸을 만들 때는 저에게 바로 연락이 올 만큼 저의 직업에 대해서 주변에서 인정을 많이 해주는 편 입입니다. 물론 부모님도 아주 좋아하시고요.

 앞으로 이루고 싶은 목표가 있나요?

두 가지 목표가 있습니다. 첫 번째 목표는 IFBB(국제보디빌딩면맹)프로가 되어 올림피아 무대에 서보는 것입니다. IFBB프로란 세계적으로 공인된 보디빌딩 선수 자격이 주어진 다는 것인데 그 프로카드 자체가 선수에게 주어지는 영예라고 생각하면 됩니다. 우리나 라에도 프로단체는 굉장히 많은데, IFBB프로가 되어야 세계적으로 가장 유명한 대회인 '올림피아'에 진출할 수 있는 기본 자격을 얻죠. '미스터 올림피아' 대회는 매년 9월에서 10월에 개최되는데 전 세계 인구 중에서 종목당 정확히 27명만 뽑는, 세계에서 가장 몸 좋은 27명을 총 6종목에서 뽑는 대회라고 생각하시면 돼요. 그 올림피아 무대에 올라가기 위해서는 IFBB프로가 되어야 하고, IFBB프로가 돼서도 IFBB에서 주관하는 타 대회 우승을 해야만 올림피아에 출전할 수 있는 자격이 주어지죠. 그래서 저는 올림피아 무대까지는 아니더라도 IFBB프로가 된다는 것을 굉장히 큰 목표로 두고 있습니다.

두 번째 목표는 책을 쓰는 것입니다. 운동에 대해 전혀 모르는 사람도 일단 읽으면 모든 정보를 습득할 수 있을 만한 최고급 백과사전을 만들고 싶은, 그런 목표가 있습니다.

Question 트레이닝을 할 때의 원칙이 있다면요?

자극이요. 자극이 가장 중요합니다. 동작을 취하거나 자세를 잡을 때 목표한 개수를 무작정 채운다는 생각만으로 해당 부위에 충분히 자극을 주지 않으면 그건 말 그대로 노동이 되는 거예요. 운동이 아닌 거죠. 근데 동작을 15개가 아니라 7개를 하더라도, 해당 부위에 중점적으로 자극을 주었다면 그건 운동이 되는 겁니다. 앉았다 일어났다를 아무 느낌 없이 그냥 막 하는 것보다, 천천히 허벅지와 엉덩이에 가해지는 힘과 자극을 느끼면서 스쿼트를 하는 게 훨씬 효율적이잖아요. 그런 것과 똑같은 거죠. 그런 원리를 이해하고 공부하여 정확한 자극을 주는 게 중요하다고 생각합니다.

Question 성공한 퍼스널 트레이너란 무엇이라고 생각하시나요?

두 가지 생각이 있습니다. 첫 번째로 일반적인 의미의 '성공한 퍼스널 트레이너'란 아무래도 유명하고 돈을 많이 버는 퍼스널 트레이너겠죠. 또 누군가로부터 '그 사람이 이런 운동을 잘 가르쳐' 혹은 '유명한 선수야, 이 분야에 대해선 최고야'라는 이야기를 듣거나, 재활이면 재활, 영양학이면 영양학, 트레이닝이면 트레이닝 등 한 분야에서 최고라고 불릴 정도로 잘하는 사람이라는 평을 듣는다면 그걸 성공했다고 말할 수 있겠죠.

두 번째로는 꾸준히 찾아와주는 사람이 있는 퍼스널 트레이너를 성공한 퍼스널 트레이너로 볼 수 있을 것 같아요. 사람에게는 선택의 권리가 있잖아요. 트레이닝을 받는 사람이 바보가 아닌데, 꾸준히 나를 찾아와준다는 것은 나의 어떤 가르침이나 자세를 보며 더 배우고 싶다고 생각했거나 나의 장점을 발견해줬다는 거겠죠.

 퍼스널 트레이너들이 꼭 기억했으면 하는 것이 있나요?

'아무것도 하지 않으면 아무 일도 일어나지 않는다.' 제가 항상 제 후배 트레이너들에게 하는 이야기예요. 이 말은 딱 퍼스널 트레이너에게 맞는 말 같아요. 퍼스널 트레이너는 운동을 잘 하고 잘 알려주는 것도 중요하지만, 영업도 잘 해야 해요. 트레이닝은 고객이 저에게 1:1 과외를 받을 시간을 돈을 주고 사는 거잖아요. 근데 퍼스널 트레이너가 자신의 경력이나 커리어를 어필하지 않으면 그 사람이 어떤 트레이너인지 아무도 모르겠죠. 그러니 조금 더 움직여서 활발하게 자기 자신을 어필하고 많은 시도를 해봤으면 좋겠다는 생각이 들어요.

 퍼스널 트레이너로써 바라는 점이 있다면요?

좋은 퍼스널 트레이너가 많이 양성되었으면 좋겠어요. 지금 우리나라는 인구대비 퍼스널 트레이너 수가 많은데, 이렇게 많은 트레이너들 중에서 특별히 전문성을 띠고 싶다면 더 많은 것을 배우려고 하는 자세, 공부하려는 자세가 되어 있어야해요. 얕은 지식으로 사람들을 현혹시키려 하지 않았으면 좋겠고, 지금부터 체육 쪽으로 공부를 하는 친구들이 너무 쉽게 생각하지 않았으면 좋겠어요. 사실 국가공인 자격시험이 생기고, 정말 어려운 시험을 쳐야 퍼스널 트레이너가 될 수 있는 기준이 세워져서 아무나 퍼스널 트레이너를 하려 하지 않았으면 좋겠어요. 그게 가장 큰 바람입니다. 우리나라 전체 퍼스널 트레이너 중 3분의 2는 좀 걸러지고, 퍼스널 트레이너가 정말 소수의 전문성 있는 사람들만 할 수 있는 직업이 되었으면 좋겠어요.

Question 퍼스널 트레이너라는 직업을 한마디로 표현한다면요?

만능 엔터테이너. 퍼스널 트레이너는 일단 모르는 게 없어야 한다고 생각하기 때문입니다. 그리고 못 하는 것도 없어야 한다고 생각해요. 많은 현대 스포츠 종목이 기본 웨이트 트레이닝에서 파생되었기 때문에 웨이트 트레이닝은 가장 기초적이고 기본적인 스포츠트레이너의 덕목이라 생각해요. 그래서 어느 정도 웨이트 트레이닝의 레벨이 올라갔다면 어떤 운동을 하더라도 잘할 것이라고 봐요.

모르는 것이 없는 퍼스널 트레이너라면 정확한 지식과 정보를 담은 한마디를 통해서 내 주변 사람들과 가족들을 지킬 수 있을 것이라는 생각이 듭니다. 그래서 퍼스널 트레이너는 못 하는 게 없어야 하고, 모르는 것도 없어야 하고, 아는 게 많아야 해요. 박학다식하고, 할 수 있는 것이 많고, 경험도 많다면 그게 바로 만능 엔터테이너 아닐까요?

Question 퍼스널 트레이너에 대한 편견이나 오해가 있다면요?

제일 많이 들었던 말로 '몸이 좋아야만 운동을 잘 가르친다.'라는 말이 있었는데, 꼭 그렇지만은 않은 것 같아요. 몸에 근육이 많지 않아도, 또는 몸이 말랐어도 아는 것이 많고 정보가 많아서 잘 가르치는 퍼스널 트레이너들도 많아요. 일단 몸만 보고 판단하지 않았으면 좋겠어요. 몸이 좋다고 해서, 대회에 많이 나갔다고 해서 잘 가르치는 건 아니에요. 대회에 나가고자 몸을 만드는 사람은 소수잖아요. 트레이닝을 받는 분들 또한 트레이너의 몸만 보고 트레이너를 선택하거나, 트레이너의 대회 입상 경력에만 연연하지 않았으면 좋겠습니다.

해보고 싶은 것은 다 해보라고 말하고 싶어요. 다양한 것들을 해보는 것이 중요하다고 생각해요. 전 어렸을 때 그렇게 해보지 못했기 때문에 더 그런 생각이 들어요. 나중에 시간이 지나 직장인이 되면 하고 싶은 것을 해볼 시간이 없잖아요. 또, 해보고 싶은 것들을 하다 보면 꿈이 생길 수 있어요. 여러 가지를 접해 보면서 자기한테 잘 맞는 것이 있다는 것을 깨닫게 되니까요. 그리고 혼자 생각할 시간이 많으면 그 시간에 자꾸 자기의 꿈을 상상하며 다지게 되고요. 그냥 공부만 하고, 학원만 다니다 보면 그런 생각과 고민을 할 여유가 없겠죠.

일단 굶어서 다이어트를 하지 않았으면 좋겠습니다. 요즘 간헐적 단식이 유행하는데, 간헐적 단식은 일단 살이 잘 빠집니다. 그런데 근육도 잘 빠져요. 만약 10kg을 감량한다고 할 때, 지방으로만 10kg을 빼야 하는데 간헐적 단식으로 뺀다면 근육 5kg과 지방 5kg을 같이 빼게 됩니다. 그럼 나중에 근육을 다시 키워야 하잖아요. 그러려면 살도 다시 찌워야 하고요. 그래서 좋지 않은 방법이라고 생각해요. 간헐적 단식은 초고도 비만에게만 해당되는 이야기이지 일반적인 사람들에게 해당되는 이야기는 아닙니다.

무작정 굶는 다이어트도 하지 않았으면 해요. 예를 들어 보디빌딩을 건물을 짓는 것에 비유해 보자면, 철근을 세우고 콘크리트와 시멘트를 바른 후 좋은 원목 자재를 사용해서 보디빌딩이라는 건물을 건설해야 하는데 사람들은 스스로 자신의 벽돌을 깎으며 다이어트를 합니다. 그럼 건물이 부서져 버리겠죠. 그러지 않았으면 좋겠습니다.

마냥 누군가에게 무엇인가를 가르쳐주고 말하는 것을 좋아했기에 선생님을 꿈꿨던 학창 시절. 고등학교 담임 선생님께서 추천해주신 운동처방학과에 진학했다. 그렇게 즐거운 대학 시절을 거치며 운동의 재미를 알게 되었고 내가 가진 것을 다른 사람에게 나누어줄 수 있는 스포츠트레이너, 그중에서도 메디컬 트레이너라는 직업을 선택하게 되었다.

스포츠트레이너는 다양한 사람들과 소통할 수 있고 나의 신체에 대해 이해할 수 있다는 점에서 너무도 매력적인 직업이다. 게다가 메디컬 트레이너라는 직업을 통해 내가 앓고 있던 추벽증후군을 스스로 치료할 수도 있었다.

이제는 사람들의 신체뿐만 아니라 마음까지도 안아줄 수 있는 스포츠트레이너가 되고 싶다.

하모니 트레이닝센터

최윤경 메디컬 트레이너

- 현) 하모니 트레이닝센터 수석트레이너
  (전 더본병원 운동센터)
- 전) 박병원 트레이너
- 진) 평택보건소 대사질환사업 강사
- 건양대학교 운동처방학과 졸업
- 건강운동관리사
- 생활체육지도자2급
- 운동처방사1급
- 노인운동지도자1급

스포츠 트레이너의 스케줄

최윤경
트레이너의
하루

7:00 ~ 8:00
▶ 출근 준비 및 아침 식사

8:00 ~ 9:00
▶ 출근 및 수업 준비

20:00 ~ 23:00
▶ 퇴근 및 개인 시간

23:00 ~ 7:00
▶ 수면

18:00 ~ 19:00
▶ case study 및 저녁 식사

19:00 ~ 20:00
▶ 개인 운동

9:00 ~ 13:00
▶ 오전 수업

14:00 ~ 18:00
▶ 오후 수업

13:00 ~ 14:00
▶ 점심 식사

선생님을 꿈꾸었던 학창 시절

▶ 어린 시절, 수영장에서

▶ 부모님과 함께

▶ 대학교 친구들과 함께

Question 학창 시절에는 어떤 학생이었나요?

중, 고등학교 때는 그냥 친구가 많은 학생이었습니다. 여러 명이서 되게 잘 지냈던 것 같아요. 그리고 저는 학교 다닐 때부터 말하는 걸 좋아했고, 누군가에게 뭔가 가르쳐 주는 것도 좋아했죠. 그래서 사실 중학생 때 제 꿈은 선생님이었어요. 항상 '선생님이 될 거예요.'라고 이야기하고 다녔어요.

Question 학창 시절이 현 작업을 하게 되는데 영향을 미쳤나요?

학창 시절에는 누군가에게 무엇인가를 가르치고 이야기하는 것을 좋아해서, 늘 가까이에 계시던 선생님들을 보며 자연스레 선생님의 꿈을 품은 것 같아요. 나도 저렇게 누군가를 가르치고 대화도 하며 내가 가진 것을 나누어주는 사람이 되어야겠다는 생각을 했는데, 이후 현실의 벽에 부딪히면서 교사라는 꿈은 포기하게 되었어요. 많은 친구들이 대체로 진로를 성적에 맞춰서 선택하잖아요. 저도 다르지 않았죠. 대신 그 당시 제가 선택할 수 있던 진로 중에 그나마 어렸을 때부터 좋아했고, 어쨌든 무언가를 가르칠 수 있는 직업이라는 생각이 들었던 스포츠트레이너라는 직업을 선택하게 되었습니다. 저희 아버지는 과거에 운동을 하셨어요. 그래서 저도 어렸을 때부터 아버지와 운동을 많이 했고, 아버지도 아주 옛날이기는 하지만 스포츠트레이너 생활을 하셔서 제가 진로를 선택할 때 많은 조언을 해주셨어요. 그래서 그런 부분에서 많은 영향을 받은 것 같아요.

Question 학창 시절, 진로 선택에 영향을 준 것은 무엇이었나요?

진로를 결정할 때는 사실 고등학교 때 담임 선생님의 영향이 제일 컸던 것 같습니다.

제가 어떤 걸 좋아하는지, 어떤 걸 잘 하는지 몰랐을 때, 담임 선생님이 "평소에 너는 운동을 좋아하고 체육 시간도 좋아했으니까 이렇게 가보는 게 어떻겠니?" 하고 권유해 주셨어요. 담임 선생님은 일반 체육학과가 아닌 운동처방학과를 추천해 주셨는데, 운동처방학과는 아무래도 조금 더 다양한 길로 나아갈 수 있고, 취업하기도 좀 더 용이하지 않을까라고 이야기를 해주셔서 선택하게 되었습니다.

Question 스포츠트레이너로서 꼭 필요한 자질을 학창 시절에 길러야 한다면 어떤 것을 추천해주고 싶으신가요?

　좀 더 다양하고 많은 움직임, 활동들을 해보면 좋을 것 같아요. 어쨌든 저는 처음부터 스포츠트레이너라는 직업을 꿈꿨던 사람은 아니기 때문에, 대학교 진학을 하고 나서 제대로 운동을 시작했어요. 그전에는 그냥 운동이 재미있으니까 했던 거고, 대학생이 되어 전문적으로 운동을 하려고 보니 못하는 것도 너무 많고, 다른 친구들이 이전부터 준비해 왔던 것에 비해 서는 너무 부족한 것 같아서 많이 창피하기도 했어요. 그래서 스포츠트레이너나 운동선수를 하고 싶다면 어렸을 때부터 여러 가지 운동을 많이 해봤으면 좋겠습니다. 사실 어렸을 때부터 길러진 운동 능력을 나이 들어서 따라잡기는 아주 어렵거든요. 정말로 한계가 좀 있어요. 감이라고 해야 하나? 아무래도 그런 것들이 있거든요.

Question 대학 생활은 어땠나요?

　저는 대학 생활을 아주 재미있게 했던 것 같아요. 아무래도 운동처방학과는 앉아서 공부하는 다른 학과와는 다르잖아요. 과 친구들이 다들 운동을 좋아하다 보니 성격도 밝고 활발하고 활동적이어서 학과 내 분위기도 좋았고, 같이 활동할 일도 많아서 좋았어요.
　동아리는 농구 동아리를 했었어요. 사실 동아리에 가서 운동은 많이 안했던 것 같고,

대학 생활을 많이 즐겼습니다. 술도 마시고 연애도 했죠. 특히 제가 처음 제대로 룰이 갖춰진 스포츠를 한 것이 농구 동아리에서였습니다. 그때 심판도 해보고, 농구 경기도 직접 해보는 등 다양한 활동을 하면서 더욱 운동에 재미를 붙였죠.

Question 운동처방학과에서는 어떤 것을 배우나요?

일반 체육학과에서는 주로 수영, 테니스, 배구 등 일반 운동들로 수업이 이루어지는데, 운동처방학과에서는 상해재활론, 운동심리학과 같은 것을 배워요. 스포츠보다는 재활에 관한 내용을 많이 배우고, 재활운동론, 체력측정평가 같은 다양한 걸 배우기도 했죠.

Question 대학 시절, 기억에 남는 교내외 활동이나 에피소드를 이야기해주세요.

2학년 2학기 겨울방학 때부터 실습을 나갈 수 있어서, 그때부터는 방학 때마다 다양한 곳으로 실습을 나갔어요. 보건소 운동처방실, 일반 헬스장, 재활 트레이닝 센터, 운동선수 전용 트레이닝 센터 등에서 실습을 했죠. 특히 운동선수들만 있는 센터로 실습을 나갔을 때인데, 거기는 하루 종일 운동선수들과 지내면서 운동을 지도하고, 같이 밥도 먹고 쉬었다가 운동도 하는 시스템이었거든요. 그런데 제가 여자이고, 체구도 왜소한 편이라 트레이너들 중에서 유독 작은 편이었어요. 거기서 아주 어렸을 때부터 운동을 한 친구들과 지내다 보니, 그 친구들이 저를 많이 무시하더라고요. "선생님, 이거 할 수 있어요? 이거 못하잖아요!" 하는 말을 심심찮게 들었죠. 제가 어떤 것을 들어보라고 시키면, "선생님, 이거 들 수 있어요? 선생님이 할 수 있으면 저도 할게요."라면서 저를 많이 무시했어요. 그때 저는 '아, 내가 정말 열심히 운동을 해야겠구나. 이걸 가르치려면 내가 할 수 있어야 하겠구나.' 하고 느꼈고, 그때부터 운동을 더욱 열심히 했습니다.

Question 진로를 선택할 때 영향을 준 멘토가 있었나요?

일단 운동처방학과는 고등학교 담임 선생님의 영향으로 갔는데, 여기가 무엇을 하는 과이고 어떻게 공부해야 하는 건지에 대한 배경 지식이 전혀 없었기 때문에 대학교 1학년 때는 좀 힘들었어요. 그때 대학교 내에서 저 같은 대학교 1학년들을 위해 학과 선배들이 특강을 많이 해주셨어요. 현재 자기가 어떤 일을 하는지, 어떤 대우를 받고 있는지, 우리 분야는 어떤 진로로 나아갈 수 있는지를 이야기해 주셨죠. 지금 제가 하는 일과 같은 일을 하고 있는 선배 분도 이야기를 들려주셨는데 그걸 들으면서 공감이 많이 되었습니다. 그래서 나도 저런 일을 해보면 좋을 것 같다는 생각을 했어요.

사실 저는 항상 무릎이 안 좋았어요. 그래서 어렸을 때부터 운동을 하거나 다른 활동들을 할 때 불편함을 느끼곤 했거든요. 선배들의 이야기를 들으며 '아, 나 같은 사람도 재활 트레이닝을 하면 아무렇지 않게 운동을 할 수 있을까?'라는 생각이 들면서 학과 공부 내용에도 호기심을 느끼기 시작했어요.

Question 스포츠트레이너가 된 계기는 무엇인가요?

졸업 즈음에, '대학교 4년 동안 배운 건 이게 전부인데, 내가 또 다른 어떤 일을 할 수 있을까?' 하는 생각이 먼저 들었어요. 이제 와서 내가 다른 일을, 어떤 일을 할 수 있을까 싶었던 거죠. 그래서 5~6개월 정도 사무직 아르바이트를 해 봤어요. 그때, 오롯이 앉아서 아무와도 이야기를 하지 않고 오직 컴퓨터만 바라보며 일하는 직업이 나와는 맞지 않는구나, 내 성격과는 맞지 않는구나 하고 생각했습니다. 전 항상 이야기하고, 움직이고, 가만히 있지 못하는 성격이라서 사무직 일은 맞지 않는다는 것을 깨달았죠.

Question 진로를 선택할 때 주변의 반응은 어땠나요?

부모님은 제가 운동처방학과를 나와서 안정적인 보건직 공무원이 되기를 원하셨죠. 그럴 때마다 저는 항상 성격상 맞지 않아서 공무원은 싫다고 말씀드렸어요. 결국 부모님이 바라던 직업을 하지 않았는데, 어쨌든 알아서 잘 하고 있으니까 이제 제가 무언가를 선택하거나 할 때도 크게 관여하시진 않고, '넌 네가 알아서 해라' 이런 식으로 얘기하세요.

주변에선 제가 운동처방학과에 진학할 때, '네가 운동을 전문적으로 했던 것도 아닌데 가서 얼마나 잘할 수 있겠냐'라면서 걱정도 많이 하셨고, 사실 별로 전망을 밝게 보시진 않았던 것 같아요. 요즘에도 '스포츠트레이너'라고 하면 일단 남자를 떠올리시는 분들이 많을 정도니까요. 일을 좀 하다가 시집가면 좋겠다는 이야기도 간혹 들었죠.

Question 진로를 어떻게 선택해야 할까요?

사람마다 잘하는 것과 좋아하는 것이 다 다르잖아요. 그럴 때 잘하진 않더라도 좋아하는 것을 하는 게 좋다고 생각합니다. 가서 배우면 되니까요. 저는 여러분이 뭔가 도전하는 친구들이 되었으면 좋겠어요.

사람을 건강하게 해주는 운동, 재활 트레이닝

▶ 메디컬 트레이너는 건강하고 싶은 사람들의 욕구를 충족시켜 줄 수 있는 직업이에요.

▶ 재활 프로그램 진행 중

▶ 회원들과 즐거운 분위기에서 운동할 수 있도록 프로그램을 진행하고 있어요.

학교를 졸업하고 교수님이 추천해 주신 사설 센터에 들어가게 되었어요. 그곳은 오픈을 준비하는 센터였고 그래서 같이 오픈 준비를 했었는데, 준비하는 과정이다 보니까 월급도 제대로 못 받으며 일을 했어요. 그런데 4개월 정도 준비하던 와중에 그 사업이 엎어진 거예요. 정말 고생해서 준비하고 밤낮없이 일했는데 말이죠. 그래서 그때 약간 좌절을 겪은 나머지 이 일을 그만둬야겠다고 마음을 먹고, 어머니가 소개해 주신 작은 회사의 경리로 들어가 일을 하려는데 막상 회사에 들어가려 하니까 갑자기 악에 받쳤다고 할까요. 내가 4년간 공부하고 준비했던 것들을 제대로 펼쳐보지도 못하고 이대로 끝내면 너무 후회할 것 같았어요. 그래서 한번이라도 제대로 해보고 그만둬야겠다고 생각했죠. 그리곤 눈에 보이는 대로 이력서를 써서 냈습니다. 그때 인연이 닿았던 곳이 지금의 하모니 트레이닝센터로 이어지고 있어요.

Question 채용 준비는 어떻게 하셨나요?

스포츠트레이너라는 직업은 전공이나 과에 상관없이 할 수 있다 보니까, 저는 스포츠트레이너와 관련이 있는 학문을 전공했다는 메리트를 보여줘야겠다고 생각했어요. 그래서 전공자만 딸 수 있는 자격증을 많이 땄어요. 그런 자격증을 가지고 있으면 '스포츠잡 코리아' 같은 사이트에 올라오는 공고에 지원할 수 있는 자격이 주어져요 대표적으로 '건강운동관리사'라는 자격증은 관련 학과를 나온 사람들만 딸 수 있는 자격증이에요.

메디컬 트레이너의 어떤 매력에 빠지게 되었나요?

일단 사람의 몸을 이해한다는 것이 너무 매력적이었어요. 사람의 몸을 공부하는 것은 일반적으로 의사와 간호사 같은 직업에만 해당된다고 생각하잖아요. 근데 의사나 간호사가 이해하는 것을 나도 이해할 수 있고, 또 어떻게 보면 의료인들은 몸을 진찰하고 수술하는 데 반해 나는 좀 더 몸을 효율적으로 잘 쓰게 해주는 일을 한다는 것, 몸을 튼튼하게 해주고 그 움직임을 이해한다는 것에 더 큰 매력을 느꼈어요. 사실 건강하지 않고 싶은 사람은 없거든요. 근데 그런 건강에 대한 욕구를 제가 충족시켜 줄 수 있다는 것이 참 매력적이었습니다.

 Question **현 직장에 지원하게 된** 동기는 무엇이었나요?

사람들은 스포츠트레이너라고 하면 일단 '그럼 살 어떻게 빼?'라고 물어보는데 저는 사람들이 군이 꼭 연예인들처럼 날씬하고 몸매가 좋아야 한다고 생각하지 않아요. 그래서 사람들의 살을 억지로 힘들게 빼주고 싶다는 생각이 들지 않았어요. 운동을 살을 빼기 위해 하는 것으로 인식하는 게 싫어서 트레이너로서 살을 빼주는 일 말고 다른 어떤 일이 있을까 생각하다가 선수 트레이너와 재활 트레이너가 떠올랐어요. 그런데 선수 트레이너는 제가 체구도 작고, 평소에 무게를 많이 들어가면서 운동하는 스타일도 아니다 보니까 한계를 느껴서 대신 뭔가 삶의 질을 높일 수 있는 운동을 가르쳐주면 좋겠다는 생각을 하게 되었습니다. 그래서 지금 일하는 곳에 지원했고, 현재는 수술 후 재활 트레이닝은 물론 비수술적 치료 요법으로 운동을 하는 분들의 트레이닝을 하고 있습니다.

현재 하시는 일에 대해 설명해 주세요.

수술 후 재활을 도와주고, 재활 운동을 지도하기도 해요. 특히 굳이 수술이 아니라 운동이라는 보전적 치료를 통해서 증상이 호전될 수 있는 환자들을 대상으로 운동을 지도하고 있어요. 운동이 건강에 좋다는 것은 알고 있지만, 이전에 근골격계 질환을 겪었던 환자들은 헬스장에서 아무렇게나 운동을 할 수가 없어요. 그리고 다른 야외 활동을 하실 때도 위험한 부분이 많죠. 그런 분들이 센터에 오셔서 저희들의 관리 감독 하에 운동을 지도받습니다. 그래서 저희 센터에는 이전에 근골격 수술을 하신 분, 대사질환을 가진 분은 물론 암을 가진 분들도 오세요. 그럴 때 일반 헬스장에 가서 운동을 할 수는 없으니까 많이 찾아오시는 편이죠. 그밖에 체형 교정을 하는 분들, 척추측만증이 있어 교정을 하려는 청소년들도 많이 오는 편이죠.

Question **스포츠트레이너도 분야가 다양한데, 특별히** **재활 센터를** 선택하게 된 이유가 있나요?

프로스포츠를 제외하면 일반 사람들의 운동을 하는 목적은 원래는 건강이어야 하는 거잖아요. 그런데 요새는 운동도 미용이나 다이어트에만 치중되어 있는 편이에요. 하지만 여러 운동 중에서도 건강이라는 운동의 본래 목적에 가장 부합하는 분야는 재활 트레이닝이라고 생각했어요. 재활 트레이닝은 사람을 건강하게 해주는 운동이니까요.

무엇보다도 재활 트레이닝은 몸의 기능이 떨어진 사람들을 다시 정상으로 돌려놓는 역할을 하잖아요. 제대로 걷지도 못하고 휠체어를 타던 분이 두 발로 서서 걷고, 뛰어 다니는 모습을 보며 큰 보람을 느껴서 계속 재활 트레이닝을 지도하게 되었습니다.

Question 나의 진로에 영향을 준 사연이 있다면요?

제가 3년 정도 일을 했을 무렵, 매일 같은 일을 하니까 이젠 다른 일을 해봐야 하나 하는 생각도 들었던 것 같아요. 그런데 그때, 원인도 없고 의사들도 괜찮다고 하는데 왜 자꾸 아픈 건지 모르겠다고 하는 환자 분이 계셨어요. 무릎이 아팠던 그 환자 분은 저와 정말 오랫동안 같이한 분인데 8개월, 9개월 동안 매주 3회씩 만나서 재활 트레이닝을 했죠. 아직도 그분이 아팠던 원인은 알 수 없지만, 그분은 결국 재활을 통해서 완전히 건강한 상태로 돌아왔어요. 상태가 점차 호전되면서 그분이 기뻐하시는 모습을 보니 저도 참 즐겁고 행복하더라고요. 상대방이 나로 인해서 깨끗하게 낫는 것을 곁에서 직접 보며 나의 일과 직업에 보람을 느낄 수 있었어요. 나는 계속 이 일을 해야겠구나, 이 일은 정말 재미있구나 하는 생각도 들었고요.

Question 메디컬 트레이너에게는 어떤 성격이 필요한가요?

밝은 성격이 필요해요. 사실 메디컬 트레이너는 사람을 대하는 서비스직과 다를 게 없기 때문에 상대방의 기분을 맞춰줘야 할 때도 있고, 원하는 것을 캐치할 수도 있어야 해요. 또 많은 사람들을 대할 수 있는 마음가짐과 성격이 필요한 것 같아요.

Question 메디컬 트레이너의 힘든 점은 무엇이 있나요?

사람이 좀 게으르고 싶을 때도 있는데 저희는 많은 사람들에게 자신을 보여야 하는 직업이다 보니까 항상 몸 관리를 해야 하고, 가끔 그런 게 스트레스가 될 때도 있어요. 더구나 일할 때 펑퍼짐한 옷을 입는 게 아니라서 자기 관리에 관한 부분은 놓지 못하죠.

그리고 재활 트레이닝이라는 분야에서 일하기 때문에 공부도 놓을 수가 없어요. 다양한 케이스에 대해서 많은 연구를 해야 하죠. 정해진 루틴 같은 것이 있기는 하지만 운동에도 유행이라는 게 있거든요. 그러다 보니 계속 변화하는 것에 대한 연구도 하면서 트렌드도 알아야 해요. 스포츠트레이너들은 생각보다 공부를 정말 많이 해요.

 현재 직업에 대한 주변의 반응은 어떤가요?

제가 대학 다닐 때만 해도 메디컬 트레이너가 어떤 일을 하는지 상상도 못하고 그저 헬스장에서 일하는 사람으로만 생각하시는 경우도 많았는데, 지금은 제가 하는 일에 대해 설명해 드리면 좋은 직업을 가졌다며 긍정적으로 반응해 주세요. 회원 분들도 다른 사람에게 도움을 줄 수 있는 좋은 직업이라고 하시면서 긍정적인 반응을 보내 주시죠.

 여성 스포츠트레이너가 현저히 적은 이유는 무엇일까요?

사실 많은 사람들이 여성 트레이너를 무시해요. 그래서 여성 트레이너들이 그야말로 악을 쓰고 운동을 해서 몸을 키우고 대회에 나가기도 해요. 그런데 저는 몸을 키워서 대회를 나가고자 하는 욕심은 없어요. 보디빌더가 되는 것은 제 목표가 아니거든요. 보통 트레이너 하면 보디빌더 이미지가 강한데, 제 모습이 그렇지 않다 보니 저를 보고 '저 사람이 나를 어떻게 가르치지?' 이런 생각을 하는 사람들이 있죠. 운동선수들 중에도 그런 경우가 있고요.

아직까지는 여성 트레이너에 대한 시선이 별로 좋지는 않은 것 같아요. 연세가 많으신 분들은 여자가 트레이너를 한다고 하면 신기해하시더라고요. 아직 사회적으로 여자는 연약하고 작고 보호해줘야 한다는 인식이 높다 보니 여자가 스포츠트레이너가 되어 운동을 가르치는 것 자체를 고운 시선으로 보지 않는 것 같고, 별로 신뢰도 하지 않으시죠. 그리고 여성 트레이너를 원하는 회원도 적은 편이에요. 요즘엔 트레이너도 여성, 회원도 여성인 여성 전문 피트니스 센터가 생기고 있긴 하지만 확실히 아직까지는 적다는 생각이 듭니다.

또 저는 근무 시간이 9시부터 6시까지로 정해져 있지만, 다른 스포츠트레이너들은 대부분 근무 시간이 굉장히 긴 편이에요. 이렇듯 근무 환경이 별로 좋지는 않아서 많은 스포츠트레이너들이 체력적으로 힘들어서 포기하기도 하는 것 같아요.

Question 스포츠트레이너의 연령대가 낮은 이유는 무엇일까요?

저희가 소속되어 있는 협회가 있는데, 그곳의 이사진들은 30~40대로 젊은 편에 속하고, 50대 이상이신 분들은 거의 일선에서 물러나 교육을 하고 계세요. 사실 스포츠트레이너라는 직업은 정해진 자격이 없고 다른 일을 하다가도 스포츠트레이너가 되고 싶으면 관련 학과를 나오지 않고도 자격증을 따면 일을 시작할 수 있어요. 공부를 정말 열심히 해서 트레이너가 된 사람들도 있지만, 간혹 자기가 운동 좀 해봤다 싶고 몸 좀 좋으면 '트레이너나 해야겠다' 하고 자기가 운동했던 방식을 회원들에게 그대로 옮기는 사람들이 있어요. 그런 사람들에게 PT를 받고 심하게는 무릎이나 어깨 수술을 하는 분들도 있죠. 트레이너 자신이 몸에 대해 제대로 이해한 후에 알맞은 운동을 시켜야 하는데, 무슨 근육이 어떻게 쓰이는지도 모른 채로 운동을 시키는 분들도 있거든요. 협회에서는 그렇게 생긴 오해들을 풀어내고 똑똑한 트레이너들을 양성하려고 노력하고 있죠. 그래서 연령대가 높은 트레이너 분들은 트레이너 교육 쪽으로 방향을 바꾸는 경우가 많습니다.

그런데 가만 보면 일정 부분은 어쩔 수 없는 것 같다는 생각도 들어요. 같은 조건에 같은 돈을 내고 PT를 받는다면, 조금 더 젊고 조금 더 몸이 좋은 사람한테 받고 싶죠. 왠지 그런 사람이 더 잘 가르칠 것 같다는 선입견이 있으니까요. 그리고 그런 상황이 계속해서 반복되니까 어쩔 수 없이 실제 현장은 젊은 트레이너들로 채워지는 것 같아요.

경제적인 면도 무시할 수 없죠. 나이가 들수록 직위가 올라가야 급여도 올라 가정을 꾸려 생활할 정도의 경제적 규모를 갖추게 되는데, 그렇지 않고 애매한 위치에 있는 분들은 팀장·실장급이 되지 않고서는 사실 급여가 좋지 않아요. 그래서 다른 직종으로 바꾸시는 경우도 많은 것 같아요.

Question 메디컬 트레이너로서 뿌듯했던 적은 언제인가요?

저는 사실 양쪽 무릎에 추벽 증후군*(무릎 속 연골 측면의 얇은 막이 부어 연골을 손상시키면서 마찰음을 내는 증상)을 앓고 있는데요. 남들보다 추벽이 살짝 더 길어요. 추벽 증후군은 실생활에서 불편하면 추벽을 잘라내야 하고, 불편하지 않으면 그냥 살아도 되는 그런 증후군이에요. 저는 어렸을 때부터 이것 때문에 정말 고생을 많이 했어요. 쪼그려 앉아도 정말 많이 아프고, 쪼그려 뛰기 같은 것도 어려웠죠. 제가 메디컬 트레이너 일을 하기 전에는 왜 무릎이 아픈지 사실 몰랐어요. 그런데 메디컬 트레이너가 되면서 왜 무릎이 아팠는지를 알게 되고, 그에 필요한 운동을 하니까 지금은 생활에 전혀 지장이 없어요. 그래서 저 스스로에게 뿌듯했어요. 물론 지금도 운동을 하지 않으면 아프기 때문에 지속적으로 운동을 하고 계속 관리를 해나가야 하지만, 수술하는 것보다는 운동을 하는 것이 훨씬 좋은 방법이라고 생각하거든요. 그래서 더 뿌듯하고, 마찬가지로 가족들이나 지인들에게 어딘가 문제가 생겼을 때 제가 그것을 캐치해 줄 수 있다는 것도 뿌듯하죠.

더 훌륭한 스포츠트레이너가 되기 위해 어떤 노력을 했는지 이야기해 주세요.

작년까지만 해도 매달 교육을 들었어요. 저희 업계에는 여러 사단법인에서 진행하는 교육이 정말 많습니다. 100개도 넘는 것 같아요. 저는 제가 원하는 분야의 교육을 찾아서 들어요. 비용투자도 정말 많이 했어요. 지금은 따로 교육을 듣지는 않지만 트레이닝 케이스별로 스터디를 하고 있고, 같은 분야에서 일하는 친구들을 만나 여러 가지 정보들을 많이 공유하고 있습니다.

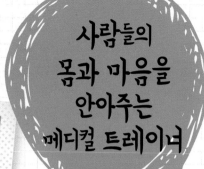
사람들의
몸과 마음을
안아주는
메디컬 트레이너

▶ 편안함과 즐거움을 주는 메디컬 트레이너

▶ 트레이닝센터 회원님과 함께

▶ 트레이닝센터 동료들과 함께

Question 트레이닝을 할 때 중요하게 생각하는 원칙이 있나요?

　정확한 판단이 중요한 것 같아요. 이 사람이 어떤 사람
인지, 체력은 어떤지 등 과거 이력도 많이 물어보게 됩니다.
과거에 운동을 했거나, 수술을 한 적이 있는지, 평소에는 운
동을 어떻게 하는지 등을 많이 물어본 후 각자에게 적합한
운동 프로그램에 들어가요.

Question 스포츠트레이너에 대한 편견이나 오해가 있다면요?

　스포츠트레이너라고 하면 일단 살 빼주는 사람이라는 인식이 제일 많은 것 같고, 아직
도 '그냥 힘만 센 사람들'이라고 여기는 편견도 굉장히 많아요. 또 이런 선입견이 있으니
까 거기에 더해 여성 트레이너는 여자가 여자답지 못하고, 힘만 세거나 똑똑하지 않다는
인식도 있는 것 같아. 가끔 제가 원피스로 갈아입고 퇴근을 하면 '선생님, 원피스도 입
어요?'라고 이야기를 하시는 분도 있어요. 사실 여성 트레이너는 약간 남성적이라는 인
식도 많은 것 같고, 한편으로는 강해보이지 않은 트레이너들을 보고 약하다거나 능력이
없다고 생각하기도 하죠. 심지어 '쟤는 트레이너 같지 않은데?'라고 이야기를 하기도 해
요. 이런 부분들은 사실 참 속상해요.

Question 스포츠트레이너로서 바람이 있다면요?

　지금 국가에서 시행하는 트레이너 자격증이라면 일반적으로 건강운동관리사를 떠올
릴 수 있어요. 그래서 저도 열심히 노력해서 건강운동관리사 자격증을 취득했는데 사실

면허증이 아니라 자격증이기 때문에 큰 메리트는 없죠. 그냥 '공부 좀 열심히 했나보다' 정도이고, 그 자격증의 소지 유무에 따라 느낄 수 있는 연봉의 차이라든지, 갈 수 있는 직장의 차이는 없다고 봐야 합니다. 그래서 제대로 된 자격 사항과, 자격 사항을 어떻게 적용할 것인지가 확실히 법으로 정해지면 좋겠어요. '이 자격 사항이 없으면 스포츠트레이너를 할 수 없다'라고 막아버리거나, 아니면 스포츠트레이너가 되는 데 꼭 필요한 자격 사항을 새로 만들거나 하면 좋겠어요.

 메디컬 트레이너 최윤경은 어떤 사람인가요?

저는 편안함을 줄 수 있는 사람 같아요. 이유는 다른 트레이너 선생님들이나 회원 분들이 저의 개인적인 이야기도 정말 많이 듣기 때문이죠. 그리고 회원 분들로부터 운동을 하러 와서 즐겁다는 이야기를 많이 들었어요. 그럴 때 저도 제가 상대방에게 편안함과 즐거움을 주는가 보다 하는 생각을 하게 돼요.

앞으로 이루고 싶은 목표가 있나요?

제가 재활 트레이닝 분야에 있다 보니 더 그런 것도 있겠지만, 일반인 분들이건 운동선수건 다치고 나면 심리적으로 정말 많이 무너져요. 몸이 회복되면서 마음도 회복되기도 하지만, 심리적으로 회복되지 않으면 신체 기능이 다 돌아왔는데도 제 기능을 이전처럼 쓰지 못하는 분들이 정말 많아요. 혹은 몸이 아프면서 우울증을 앓게 되는 분들도 많고요.  특히 운동선수들은 한번 부상을 입고 나면 몸의 기능적인 부분도 물론 떨어지지만, 무엇보다 심리적으로 많이 무너져서, 겁이 나서, 아니면 또 다칠까봐 운동을 못하게 되기도 해요. 예전보다 못하다는 생각과 함께 경기력이 예전만큼 나오지 않으면 주눅이 들어 포기하는 선수들을 많이 봤어요. 심리적인 것을 지켜내기가 참 힘들더라고요. 경기력은 둘째 치고서라도, 그런 심리적인 부분을 더 케어 해줄 수 있는 방향으로 공부를 해도 좋을 것 같다고 생각하고 있습니다.

사실 해외에는 그런 케어 프로그램이 있어요. 특히 운동선수들이 부상을 당하고 나면 정규 과정처럼, 당연히 해야 하는 것처럼 심리상담사를 만나서 상담을 받거나, 트라우마를 극복하고 오는 프로그램들이 있는데 우리나라는 대체로 '빨리 복귀시켜주세요, 빨리요, 언제 돼요? 재활을 몇 주 동안 해야 되나요?' 하면서 선수의 심리를 생각하지 않고 빨리 경기에만 투입시키려는 일이 많아서 너무 안타까워요. 결국에는 서둘러 전력에 투입이 된 후 다시 다쳐서 재수술을 하는 경우도 많고요. 일반인도 마찬가지죠. 한번 다치고 나면, 장애를 가지게 되는 것은 아니냐며 이야기하시는 분들도 많아요. 그런 분들을 보면서 심리도 케어 하는 메디컬 트레이너가 되고 싶다는 목표가 생겼죠.

 메디컬 트레이너로서 가장 기억에 남는 회원이 있나요?

앞에서 말씀드렸던 무릎이 아파서 센터에 오래 다니신 회원님도 기억에 남고요. 마치 어머니처럼 김장김치나 반찬을 챙겨 주시거나 때가 되면 뭔가를 가져다주시던 회원님이 기억에 남습니다.

예전에 선수 재활 센터에 있을 때 저와 친하게 잘 지냈던 농구선수가 있었는데, 그 선수는 너무 많이 다친 데다 집안의 경제적인 상황도 굉장히 좋지 않던 친구여서 결국 프로선수가 되지 못하고 대학교를 졸업했어요. 대학 졸업과 동시에 운동을 그만둔 후, 4개월 뒤에 다시 연락이 오더라고요. '선생님, 농구가 너무 하고 싶어요. 집에 있는 트로피와 운동과 관련된 물건들을 보면 자꾸 눈물이 나요.'라고 하는 거예요. 그때, 운동선수들은 운동을 정말 사랑하고 좋아해서 하는 것이라는 걸 깨달았습니다. 사실 요즘 많은 사람들이 어느 정도 내가 할 만한 직업, 취업 잘 되는 직업을 선택하는데, 운동을 하는 친구들은 자신이 정말 좋아하고 사랑하는 일을 한다는 것에 부러운 마음이 들기도 하고, 특히 그 친구에게 너무 안쓰러운 마음이 들었어요. 사실 운동을 업으로 삼는다는 것이 쉽지는 않거든요. 남들이 취미로 하는 것을 운동선수들과 스포츠트레이너들은 직업으로 삼는 셈인데, 운동선수뿐만 아니라 스포츠트레이너 또한 정말 운동을 좋아하는 마음이 있어야 할 수 있는 직업이라는 사실에 뿌듯한 마음도 들어요.

Question 여성 스포츠트레이너로서 하고 싶은 말이 있다면요?

여성 스포츠트레이너가 남성 스포츠트레이너들에 비해 보통 체구가 작고, 어떻게 보면 무능력해 보일 수도 있지만 남성 스포츠트레이너들만큼 피나게 노력하고 있어요. 여성은 신체 호르몬상 같은 양의 운동을 해도 근육이 생기기가 어려워요. 단순히 운동을 덜해서 근육이 적은 게 아니에요. 그래서 여성 스포츠트레이너들도 많이 노력하고 있다는 것, 공부를 열심히 하고 있다는 것을 알아주셨으면 좋겠어요.

Question 꿈을 찾아가는 학생들에게 한마디 해주신다면요?

자기에 대한 정확한 이해가 필요한 것 같아요. 내가 어떤 성격을 가졌는지, 어떤 걸 좋아하는지, 사람들이 내게 좋아하는 게 뭐냐고 물어보면 '나는 운동하는 걸 좋아해', '나는 그림 그리는 걸 좋아해'라고 이야기하는 게 아니라, '나는 누군가에게 무엇인가를 가르쳐 주는 게 좋고, 그 사람이 나로 인해서 웃는 게 좋아'라고 본질적인 대답을 할 수 있도록 말이죠. 자신에 대한 정확한 이해가 있다면 직업을 선택하는 데 있어 성적은 큰 문제가 되지 않을 거라고 말하고 싶습니다.

학창 시절에는 항상 조용한 학생이었다. 어떤 직업을 하고 싶다는 생각보다는 그저 가족들과 선생님들의 추천에 따라 생명과학기술 학부에 진학했다. 막상 대학교에 진학하고 나니 진로에 대한 고민이 많아졌다. 고민을 조금이라도 덜어내고 싶어 시작한 운동에 푹 빠져 아마추어 대회까지 나가게 되었다.

그 후 운동을 좋아하는 마음에 피트니스 센터에서 파트타임 퍼스널 트레이너로 일하기 시작하였다. 피트니스 센터에서 자연스레 관리직까지 맡게 되었지만, 업무 스트레스로 고민하던 중 문득 내가 좋아하는 스포츠선수들을 직접 관리하는 스포츠트레이너가 되고 싶다는 생각에 퍼스널 트레이너를 그만두고 다시 공부를 시작했다. 파견 업무를 나가던 중 우연히 받은 소개로 우리카드 위비 프로배구단에 입사하여 모든 사람들에게 신뢰받는 스포츠트레이너가 되기 위해 노력하고 있다.

우리카드 위비 프로배구단

윤병재 트레이너

- 현) 우리카드 위비 프로배구단 트레이너
- 전) 유스올림픽 필드하키 의무 트레이너
- 전) 광주여대 여자농구부 트레이너
- 전) 부천북고 럭비부 트레이너
- 전) KSPO 실업사이클팀 파견 트레이너
- 생활체육지도자 보디빌딩
- 체력코치(KCA-대한역도연맹)
- 스포츠마사지/테이핑
- 전국춘계역도대회 은메달

스포츠 트레이너의 스케줄

윤병재 트레이너의 하루

19:00-22:00
▸ 선수 치료 및 보강 운동 실시

22:00-24:00
▸ 보고서 및 운동 프로그램 작성 후 수면

07:00-07:20
기상 후 선수 몸무게 및 컨디션 체크

07:20-07:30
▸ 아침 식사

18:30 ~ 19:00
▸ 저녁 식사

15:30-18:00
▸ 오후 운동

08:00-09:00
미팅 준비 및 체육관 출발 준비

09:30-12:00
오전 운동

13:00-15:00
선수 치료 및 보강 운동 계획 후 휴식

12:30-13:00
▸ 점심 식사

스포츠,
취미가 직업이
되다

▶ 대학 시절부터 꾸준히 하고 있는 스포츠, 역도

▶ 유소년 올림픽 필드하키 선수들과 함께

▶ 하고 싶었던 일을 하는 지금, 힘은 들지만 행복합니다.

Question 학창 시절에는 어떤 학생이었나요?

그냥 조용한 학생이었습니다. 성적은 중상위권 정도였어요. 운동하는 것 자체는 좋아했는데 그 당시에는 스포츠트레이너를 비롯한 운동 관련 직업을 가져야겠다는 생각은 없었어요. 친구들 사이도 별 문제가 없었고, 항상 조용히 묻어가는 성격이었습니다.

Question 학창 시절이 스포츠트레이너가 되는데 어느 정도 영향을 미쳤나요?

사실 학창 시절의 영향은 크게 없는 것 같아요. 일단 저는 고등학교 전까지만 하더라도 운동과는 거리가 멀었습니다. 체중도 많이 나가는 편이었죠. 하지만 저는 좋아하는 것이라면 끝까지 파고들고 집착하는 경향이 있는 편이에요. 그리고 굳이 꼽자면 고등학교 때는 기숙사 생활을 했는데, 그 경험이 지금 팀 트레이너로 단체 생활을 하는 데 많은 도움이 되었던 것 같아요.

Question 학창 시절, 다른 장래 희망이 있었나요?

원래 대학교에 진학하기 전까지는 컴퓨터공학과에 지원을 하려 했었어요. 가족들이나 선생님들은 생명과학이나 의학, 약학대를 추천하셨고요. 수능을 본 후 진학하려던 대학교가 수도권 소재의 대학교였는데, 집안 사정상 부모님이 보내지 않으셨고, 생명과학기술학부로 진학하게 되었습니다. 딱 어떤 직업을 해야겠다 하고 생각해서 대학에 간 건아니었는데, 고등학교 때는 생물(생명과학)에 관심이 많았어요. 그래서 막연하게 생명공학쪽으로 가자는 생각을 하고 있었던 것 같아요. 지금은 많이 없어졌지만 당시에는 약학전문대학, 의학전문대학이 막 생기기 시작할 때라서 그곳으로 편입 준비를 할 생각으로 생명과학기술학부에 들어갔어요.

Question 대학 생활은 어땠나요?

사실 지금은 대학 생활에 후회를 하고 있어요. 솔직히 말하면 학과 생활이 그렇게 좋지는 않았죠. 대부분의 동기들이나 선후배들이 약학전문대학, 의학전문대학으로 편입을 준비했기 때문에 대체로 함께 어울리거나 할 환경이 아니었어요. 그리고 결과적으로 이야기하면 학과가 통폐합이 돼서 없어진 상태입니다. 당시에 저도 마찬가지로 전문대학원 준비를 했고, 진로에 대한 고민이 많았기 때문에 학과 생활을 충실히 하지는 않았어요. 그래서 더 운동에 빠지게 된 것 같아요.

Question 진로를 선택할 때 크게 영향받은 일이 있다면요?

저는 체육을 전공하진 않았지만, 군대를 전역하고 나서 대학생 때 조선대학교 역도부에 찾아갔어요. 그 당시 저는 농구를 참 좋아했었는데, 꼭 농구가 아니더라도 운동을 더 잘하고 싶은 마음이 들어서 역도를 하는 곳에 찾아갔죠. 실제 조선대학교 역도부에서 엘리트 선수들과 운동을 같이 하게 되었어요. 엘리트 선수들이지만 대학까지는 아마추어 선수 신분이기 때문에 함께할 수 있었던 것 같아요. 그곳에서 운동을 하면서 느낀 점도 많은데요. 운동을 같이 하면서 그 선수들이 어떻게 운동을 하고, 아프거나 부상을 당했을 때는 어떤 상황에 처하는지를 접하면서 스포츠트레이너라는 직업을 선택하는 데 많은 영향을 받았어요.

 사회인이 되기 전, 특별히 기억에 남는 활동이나 사건으로는 무엇이 있나요?

농구 동아리 활동을 정말 열심히 했어요. 저희 동아리팀이 아마추어 대학생들끼리 하는 전국 대회에 나가 호남 지역 대표로 경기를 한 적도 있고, 개인적으로는 동아리 활동을 하다 십자인대 파열 부상을 입어 6개월 간 재활을 하던 때가 가장 기억에 남네요. 부상을 입고 '이제 앞으로 어떻게 하나', '운동을 다시 어떻게 하나' 하는 생각도 많이 했는데, 많이 아파본 사람이 아픈 사람의 마음을 알듯이 저 또한 그 과정을 겪었기 때문에 선수가 큰 부상을 입었을 때 느끼는 불안감과 고통, 그리고 소외감 등의 감정을 어느 정도, 조금이라도 이해하게 되었습니다. 스포츠트레이너라는 직업을 선택할 때도 직접 운동을 하다가 부상을 당해 본 경험이 도움이 되었죠.

Question 진로를 선택할 때 영향을 준 멘토가 있었나요?

멘토라고 이야기하기는 좀 뭐하지만, 여자 친구의 영향을 많이 받았던 것 같아요. 여자 친구는 대학교 때부터 만나서 어느덧 8년째 교제를 하고 있는 친구인데, 그 친구도 대학생 때 저와 같이 의학전문대학원 편입 공부를 했어요. 함께 공부를 하며 의지도 많이 했죠. 지금은 전혀 다른 일을 하고 있지만요. 조용하고, 도전적이기보단 안주하려는 성격인 제 곁에서 여자 친구가 늘 '이것을 좀 해봐라'라고 새로운 것을 제안하며 의욕을 북돋아 주었습니다. 그래서 여자 친구의 영향을 많이 받게 된 것 같아요. 그리고 선수 트레이너라는 직업의 특성상 초반에는 급여가 적거나 심지어 없는 경우도 많아서, 제 여자 친구 역시 제게 많은 지원을 해 주었고 항상 응원도 해 주었죠.

어떻게 스포츠트레이너를 꿈꾸게 되었나요?

저는 대학 다닐 때부터 파트타임 아르바이트로 퍼스널 트레이너를 시작했어요. 당시 퍼스널 트레이너로서 영업이라고 해야 할까요? 1대1로 자신의 회원을 끌어 모으는 일도 했죠. 그렇게 일을 하다 보니 자연스레 연차가 쌓였고, 일반 트레이너가 아니라 관리직, 팀장을 맡게 되며 아르바이트에서 직업이 되었어요. 그러다 보니 직원들 관리나 매출 압박 등 여러 가지 일들을 겪게 되었고, 스트레스를 많이 받았어요.

그리고 사실 저는 구기 종목을 좋아했고, 이전에 엘리트 운동선수들의 훈련 모습을 옆에서 보고 함께하며 느낀 점도 많았기 때문에 일반 회원들을 상대로 일하는 것보다는 제가 좋아하는 종목에서 그 종목 선수들이 좀 더 운동을 잘할 수 있도록 운동선수들을 관리하는 스포츠트레이너가 되고 싶다는 생각이 들었어요. 고민 끝에 선수 트레이너가 되어야겠다는 결정을 했고, 하던 일을 그만두고 선수 트레이닝 세미나라든지 협회에 다니면서 교육을 받기 시작했습니다.

스포츠트레이너가 되기까지의 과정을 이야기 해주세요

피트니스 센터에서 퍼스널 트레이너를 할 때는 수입이 나쁘지 않았어요. 그런데 일을 그만두고 선수 트레이너를 해야겠다고 마음먹어도, 협회의 자격 이수 과정이 끝나고 나서 바로 실업팀이나 프로팀에 가지는 못해요. 왜냐면 팀 입장에서는 엘리트 운동선수들은 자신의 몸이 재산인, 운동이 일이자 직업인 사람들이다 보니, 이 일을 처음 하는 사람들에게 선수들을 맡기기는 조금 어렵다고 봅니다. 그래서 대회가 열리거나 하면 파견 식으로 현장에 가서 실무 경험을 쌓는 경우가 많거든요. 저도 그런 과정을 겪었고, 그러는 동안은 수입이 없었어요. 그래서 그때 참 힘든 시간을 보냈던 것 같아요. 그때 여자 친구는 이미 일을 하고 있었기 때문에 제게 많은 지원을 해줬어요. 그렇게 조금씩 경력을 쌓으면서, 팀 채용 공고가 나오면 지원도 해 보며 준비를 하고 있었습니다.

저는 자격 이수 과정이 끝나고 나서 재활센터에서도 근무를 했습니다. 특히 재활센터에 있을 때는 파견 근무를 많이 나갔어요. 대학 여자농구팀, 고등학교 럭비팀, 중학교 축구부와 배드민턴 실업팀에서도 일을 했고, 앞에서 말씀드린 역도부 친구들과도 자주 만나면서 공식적으로는 아니지만 함께 운동을 하고 이것저것 도와주기도 했죠. 그러면서 국민체육진흥공단 사이클팀 파견 업무도 계속 나갔었죠. 그리고 마지막으로 현재의 배구팀에 들어오기 직전엔 필드하키 유소년 올림픽에도 트레이너로 참가하는 등, 다양한 곳에서 일을 했습니다.

Question 스포츠트레이너를 어떻게 준비해야 할까요?

팀 트레이너는 물론, 재활센터 트레이너까지 포함해서 이야기하자면 아직까지 선수 트레이너는 국가에서 공시하는 국가자격은 아니에요. 저 같은 비전공자가 간혹 있기도 하죠. 그래서 저는 지금 체육 학사과정을 밟고 있습니다. 그리고 스포츠트레이너도 보통 두 부류로 나누어지는데요. 체력 트레이닝 파트와 의무 트레이닝 파트입니다. 보통 의무

트레이닝 파트는 물리치료사 출신 선생님들이 하는 게 적합하고, 체력 트레이닝 파트는 체대 출신 선생님들이 하는 게 보통이지만 사실 그건 팀 상황에 따라 달라질 수 있습니다. 두 가지 분야를 다 맡아서 하는 트레이너도 있고, 한 분야만 전담하는 경우도 있기 때문이죠.

그래서 프로팀 트레이너가 되고 싶은 학생들이라면 각자 자신이 팀 내에서 어떤 일을 하고 싶은지를 생각해 보아야 합니다. 의무 계통에서 선수들의 부상 관리를 돕고 싶다는 생각이 든다면 물리치료학과를 졸업하는 게 맞습니다. 선수들의 운동 능력이나 퍼포먼스 능력을 올려주고 싶다는 생각이 들어 전문 체력 트레이너가 되고자 한다면 체대에 가는 게 적합하고요. 그리고 찾아보니 대학가에 스포츠 물리 치료나 신경 치료 관련 동

아리도 있는 것 같더라고요. 거기서 팀 관리에 맞는 동아리 활동을 하면 훨씬 더 도움이
되지 않을까 싶어요.

 **스포츠트레이너 채용 준비는** 어떻게 해야 하나요?

프로팀이나 실업팀에 들어가려면 일단 경력이 제일 중요하고요. 엘리트 운동선수들
을 관리해야 하는 만큼, 실무 경험이 없는 신입 스포츠트레이너를 뽑는 경우는 거의 없
어요. 그래서 처음부터 어느 정도 연봉을 받으면서 팀 생활을 하겠다고 생각하기보다
는 각종 동아리 활동이나 선수 트레이너 과정 이수를 중심으로 실무를 익히고, 사단법인
을 통해 할 수 있는 파견 근무를 많이 다니면서 경험도 쌓는 등 자신만의 커리어를 만들
려고 하는 것이 중요해요. 그렇게 어느 정도 경력을 쌓은 후 팀 채용 공고에 지원을 하는
게 좋을 것 같습니다.

 현 소속팀에 지원하게 된 동기는 무엇이었나요?

저는 프로팀에 들어오게 된 과정이 좀 특이한데요. 선수 트레이너 과정을 이수한 후에
는 파견 근무를 주로 나가고 있었어요. 이곳저곳 파견 근무를 나가다 보면 여러 선생님
들, 프로팀이나 실업팀의 감독님들, 코치님들과 친분이 생기는 경우가 많아요. 필드하키
유소년 올림픽에 나가있을 때였는데, 어떤 분께서 프로팀 트레이너 자리가 있다며 제안
을 하셨어요. 그때는 어느 팀이라고 얘기도 안 해주시더라고요. 저는 당시 유소년 올림
픽이 열리는 태국에 머무르고 있었는데 지원을 해보겠냐고 하셔서, 현지에서 바로 지원
을 했어요. 지원을 한 후에 어떤 팀인지 알게 되었죠. 저는 꼭 '이 팀에 지원해야겠다.' 해
서 현 소속팀에 온 건 아니었어요. 어떻게 보면 우연히 들어오게 된 것 같아요.

스포츠트레이너의 어떤 매력에 빠지게 되었나요?

가장 큰 매력은, 프로팀에 소속되어 있으니까 유명 선수들을 관리하고, 친분도 맺고, 도와줄 수 있는 조력자 입장이 된다는 것이에요. 말 그대로 TV에 나오는 유명한 선수들과 친분도 맺고 같이 지내는 것이 가장 큰 매력이죠. 그리고 제가 담당하는 선수들이 잘하게 되면 100퍼센트까지는 아니더라도, 단 몇 퍼센트라도 '내 도움이 들어갔겠구나' 하고 혼자 생각하는 거죠. 그럴 때 가장 큰 보람을 느껴요. 그리고 부상 선수가 재활하고 복귀할 때도 기분이 좋아요. 이건 팀에 소속되어 있다면 누구든지 다 똑같을 것 같아요.

진로를 선택할 때 어떤 것을 기준에 두고 선택해야 할까요?

저는 이 일을 하면서 항상 느끼는 것이 있는데요. 제가 하는 이 스포츠트레이너라는 직업은 일이 아니라 그냥 제가 좋아하는 것이라고 생각하고 있다는 거예요. 스포츠트레이너라는 직업 자체가 특히 더 그런 것 같아요. 반대로 일을 일로서 생각하면 더 힘든 직업이죠. 분명히 힘든 직업은 맞지만 저는 제가 하고 싶었던 일을 하는 것이기 때문에 현재 매우 행복합니다. 일을 하며 크게 스트레스를 받지 않는 것도 아주 중요한 것 같아요. 단지 돈을 벌려고 일을 하는 것이 아니라, 취미처럼 좋아하는 일을 할 수 있다면 그게 가장 좋은 것이라고 생각해요. '이건 일이 아니다'라고 생각할 수 있는 직업을 선택할 수 있다면 최고겠죠?

쉬는 날에도
자리를 지켜요

▶ 경기 중 아가메즈 선수와 대화

▶ 경기 중 한성정 선수와 함께

▶ 경기 중 찜질하러 가는 모습

현재 하시는 일에 대해 설명해 주세요

저의 주요 업무는 부상 선수들을 치료 기기를 이용해서 치료해주고, 테이핑, 마사지 등을 하는 것입니다. 그리고 선수들이 시즌에 맞춰서 체력을 올릴 수 있도록 단계별·주기별로 운동을 시킵니다. 훈련 때 워밍업과 스트레칭을 도와주는 일도 하죠. 운동 프로그램들도 직접 만들어요. 팀 내에서 트레이너가 할 일은 스스로 다 해야 합니다.

스포츠트레이너의 일과가 궁금해요

스포츠트레이너들도 선수들과 마찬가지로 아침 7시에 일어납니다. 7시 30분에 아침을 먹고, 9시까지 스태프 미팅을 하거나 여러 가지 준비를 합니다. 테이핑할 테이프라든지 약품 등을 준비하고, 빠뜨린 물건이 있는지 체크한 후 9시에 체육관으로 출발합니다. 그러면 오전 훈련은 10시부터 시작되죠. 그때 트레이너가 15분 정도 선수들에게 워밍업을 시키

는데, 매일 일정에 따라 조금씩 달라지지만 대개 12시까지 오전 훈련을 해요. 프로그램에 따라 운동을 진행하고, 볼 운동을 할 때는 선수들이 계속 공을 치기 때문에 공을 주우러 다녀야 하죠. 볼을 주우러 다니는 것이 훈련 때의 주요 업무인 것 같아요. 그리고 여름에는 선수들이 땀을 많이 흘리니까 바닥에 떨어진 땀을 닦는 일도 많이 하고요.

12시까지 오전 훈련을 하고, 아이싱을 할 선수가 있으면 아이싱을 한 뒤 숙소로 돌아와서 점심 식사를 합니다. 오후 1시쯤에는 치료를 받아야 하는 선수들에게 치료를 해주고, 3시까지 휴식을 취하다가 3시 30분부터 오후 훈련을 시작하죠. 오후 훈련은 오전 훈련보다는 길게 합니다. 6시 30분~7시까지 진행되는데요. 오전 훈련과 동일하게 진행합니다. 오후 훈련이 끝나고 나면 선수들의 아이싱을 도와주고, 숙소로 돌아와 저녁 식사를 한 뒤 선수들이 야간 훈련을 나가면 체력 담당 트레이너 선생님은 선수들과 같이 훈련장에 나가서 웨이트 트레이닝이나 볼 운동을 도와주고, 치료가 필요한 선수에게는 치료도 해 줍니다. 치료가 길어지면 10시 30분에서 늦으면 12시에 끝나기도 해요. 치료가 좀 오래 걸리죠.

공식적인 업무는 일반적으로 11시에 끝나지만, 이후부터는 그날 치료받은 선수들의 목록이라든지 선수들의 컨디션 변화나 부상 상태 변화 등 일지를 작성하고 다음날의 웨이트 트레이닝 훈련 일정이 나오면 그것에 맞춰 프로그램을 만들어요. 사실 일지를 작성하면서 정비하는 시간은 거의 개인적인 시간이라 할 수 있죠. 저는 하루 일정이 다 끝나면 개인적으로 운동을 하러 갑니다. 새벽 1시 정도까지 운동을 한 후 들어와서 자요. 낮 쉬는 시간에 틈틈이 낮잠을 자기도 해서 그렇게 피곤하지는 않아요.

Question 경기 전에는 어떤 준비를 하나요?

경기 전 모습도 훈련 전 모습과 비슷합니다. 보통 오후 7시에 경기가 시작되면, 오후 5시~5시 15분쯤 경기장에 도착해서 의무 용품과 비상약, 테이핑테이프를 챙깁니다. 경기 전, 선수들마다 테이핑을 해주고 테이핑이 끝나면 몸이 좋지 않은 선수들의 스트레칭이나 워밍업을 더 도와주죠. 경기 시작 1시간 전부터는 본격적으로 경기장에 들어가서 전체적으로 스트레칭을 도와주고, 선수들이 뛰기 시작하면 공도 던져주곤 합니다.

경기가 시작되면 벤치에 앉아서 대기하고 있다가 혹시라도 부상 선수가 나오면 라커룸에 선수를 데리고 들어가서 체크하고, 부상에 관련된 여러 가지 테스트가 필요하면 합니다. 그리고 선수가 경기를 뛸 수 있는 상태인지 아닌지를 확인한 후 감독님께 보고하는 일을 하죠. 그 밖에는 타임아웃 때 선수들에게 물을 챙겨주거나 아이싱을 도와주기도 합니다. 경기가 시작되면 선수들이 다치거나 하지 않는 이상 사실 크게 하는 일은 없어요.

 **Question** 가장 기억에 남는 경기나 시즌은 언제인가요?

우리카드 위비 프로배구단에게는 지난 2018-2019 시즌이 잊을 수 없는 시즌이죠. 창단 처음으로 플레이오프에 올라갔어요. 신인 선수들은 아직 잘 모르겠지만 고참급 선수들은 시즌이 끝나고 나서 모든 소속 팀원들에게 고맙다는 이야기를 하더라고요. 10년 넘게 프로 배구선수 생활을 했는데 그동안은 한 번도 플레이오프에 나간 적이 없었다며, 물론 다치기는 했어도 다들 고맙다고 한 말들이 기억에 남아요.

Question 스포츠트레이너는 어떤 사람에게 적합한가요?

숙소 생활을 하는 프로팀이 있고, 출퇴근을 하는 프로팀이 있기 때문에 팀에 따라 다르겠지만, 제가 소속되어 있는 우리카드 위비 프로배구단을 기준으로 이야기하자면 스포츠트레이너는 트레이너이면서 팀의 스태프이기 때문에 모든 초점을 팀이 돌아가는 데에 맞춰야 해요. 예를 들어 상을 당해도 며칠 만에 바로 복귀해야 하는 등 무조건 모든 생활을 팀 중심으로 맞춰야 하기 때문에 팀에 헌신할 수 있는 성격이 중요하다고 생각해요.

Question 스포츠트레이너는 어떤 마음가짐을 가져야 할까요?

일단 어떤 상황에서나 냉정해야 합니다. 경기 중 벤치에 있으면 경기의 흐름이나 선수들의 기분이 올라갔다 내려가기를 반복하는 것을 볼 수 있는데, 스포츠트레이너는 경기를 관전하는 게 아니고 경기 중간에도 계속 체크를 해야 하기 때문에 어느 정도는 냉정해야 한다고 생각해요. 특히 선수들이 부상을 당하게 되면 약간 흥분하는 일이 많아요. 그럴 때도 같이 흥분하지 않고 냉정해야 할 필요가 있죠.

스포츠트레이너라는 직업에 본인의 성격이 도움이 되거나,

혹은 성격 때문에 어려운 점이 있나요?

일단 저는 원래 성격 자체가 말수도 적고 좀 조용한 편이에요. 그런데 퍼스널 트레이너를 하면서 말주변이 좀 좋아진 것 같아요. 퍼스널 트레이너를 할 때는 초면인 사람들과 이야기를 해야 하는 상황, 상대방이 운동을 하는 데 필요한 말들을 해 줘야 하는 상황이 많았기 때문에 그때 성격이 좀 바뀌기는 한 것 같아요.

하지만 아무래도 처음 팀에 왔을 때는 선수들과 초면이다 보니 정말 필요한 것만 물어보는 사람이었죠. 조용한 성격이라 처음에는 힘든 점도 많았어요. 스포츠트레이너들도 성격에 따라 스타일이 다 다른데, 선수들과 매우 잘 지내는 트레이너도 있는 반면에 선수들에게는 공적인 것만 이야기하고 사적으로는 잘 어울리지 않는 트레이너도 있죠. 저는 후자에 속하는 편이에요. 쉬는 날에는 다들 외출을 하는데 전 그냥 혼자 숙소에 있거든요. 물론 스포츠트레이너가 꼭 숙소에 있어야 하는 건 아니지만, 선수 입장에서 저는 항상 숙소에 있는 트레이너니까 갑자기 어딘가 아프거나 무슨 일이 있으면 저한테 먼저 이야기하는 경우가 많아요. 저는 그게 저의 장점이라고 생각해요. 외향적이지 않다는 것이 말이죠. 그리고 과묵하고 말이 별로 없는 편이다 보니 선수들이 저를 가리켜 비밀을 잘 지켜주는 트레이너라고 많이 이야기하더라고요. 지금은 팀 내에서 제 이미지가 그렇게 정해진 것 같아요.

트레이너님의 담당 직무의 장점은 무엇이 있나요?

제 직무의 장점이라면 선수들에게 직접적으로 영향을 줄 수 있다는 점을 이야기할 수 있을 것 같아요. 일단 선수들이 스포츠트레이너들에게 자기의 몸 상태라든지 섭취해야 할 음식과 약품, 건강 기능 식품 등에 관해 제게 의지를 하고 있다는 점, 그래서 선수들에게 직접적으로 도움을 줄 수 있다는 것, 실질적인 조력자 입장이라는 것이 장점이에요. 하지만 제가 잘못하게 되면 신뢰를 잃을 수도 있죠.

Question **스포츠트레이너라는 직업의 힘든 점은** 무엇이 있나요?

제가 생각했던 것보다 선수의 부상이 오래가거나 회복이 되지 않을 때, 복귀를 시켰는데 다시 아파서 부상군으로 빠졌을 때, 이렇게 부상을 당한 선수가 제가 생각했던 방향으로 가지 않을 때 가장 힘듭니다. 스트레스도 제일 많이 받죠. 선수에게도 가장 힘든 시기일 거라고 생각해요. 부상은 선수 생명과 직결되는 문제니까요. 그래서 좀 조심스럽기도 하고, 스트레스를 많이 받는 부분입니다.

Question **힘든 시기를 이겨낼 수 있었던 방법은** 무엇이 있나요?

개인 운동밖에 방법이 없는 것 같아요. 아무래도 저는 술을 좋아하지 않아서, 거의 모든 스트레스를 다 운동으로 풀어요. 힘든 것을 운동으로 푸는 거죠. 현재는 역도를 특히 즐겨 하고 있어요. 역도 선수 등록까지 했죠. 역도를 하면 집중도 되고 환기도 돼요. 제가 이 직업을 선택하게끔 저에게 많은 영향을 미친 종목이기도 하죠.

트레이닝을 할 때 무엇을 중요하게 생각하나요?

이건 트레이너 선생님들마다 다른 부분인데, 저는 선수가 어떤 동작을 할 때 아프지 않으면서도 최대의 능력치를 이끌어 낼 수 있도록 해주는 것이 제 역할이라고 생각해요. 할 수 있다면 선수를 좀 더 강하게 하는 것이 원칙이고, 아프지 않으면서 운동을 잘하게끔 도와주는 것도 중요한 것 같아요.

시즌이 아닐 때는 어떻게 지내시나요?

일단 시즌 중에는 휴무가 없고, 하계 시즌이 끝나고 컵 대회에 나가기 전 5~10일 정도 쉬고, 컵 대회가 끝난 후 4주 정도 쉬죠. 그런데 선수들이 팀으로 일찍 복귀하면 저희 트레이너들도 일찍 들어와야 해요. 그래서 평균 2~3주 정도의 휴가를 보내게 돼요.

비시즌에는 저희가 만든 웨이트 트레이닝 프로그램을 중심으로 훈련합니다. 하루에 두 번 훈련하는데, 웨이트 트레이닝 훈련은 오전에 합니다. 비시즌이라서 선수들이 쉬고 온 상태이기 때문에, 웨이트 트레이닝 훈련 시간에는 선수들의 몸 상태에 맞춘 단계별 트레이닝 프로그램을 만드는 게 주 업무입니다. 비시즌 때는 그래도 여유가 있는 편입니다. 비시즌에는 월요일부터 화요일까지는 훈련, 수요일 오전에 운동을 하고 이후에는 외출을 하기도 하죠. 하지만 그때도 병원을 가는 선수가 있으니까 저녁 즈음에야 시간이 나기도 해요. 휴식 시간에는 주로 제 운동을 해요. 운동은 제 취미 생활이기도 하니까요.

선수들의
숨은 **조력자**

▶ 전국생활체육역도대회에서 동료들과 함께

▶ 테이핑 하는 모습

▶ 경기가 끝나고 난 뒤

Question 현재 가장 많은 배움을 얻는 곳은 어디인가요?

현재의 멘토는 아무래도 저희 수석 트레이너 선생님이죠. 저희 수석 트레이너 선생님은 프로팀 생활 20년차가 넘으셨고, 많은 트레이너님들이 대부분 아시는 분일 거예요. 유명하신 분이죠. 팀에 있다 보니 수석 트레이너 선생님께 가장 많이 배우는 것 같아요. 외부로 나가서 배울 수 있는 상황이 아닐 때, 궁금한 것이 있으면 일단 수석 트레이너 선생님께 여쭤보는 편입니다. 현재 가장 많은 배움을 얻고 있어요.

Question 현재 직업에 대한 주변의 반응은 어떤가요?

이전부터 같이 동아리 활동을 했던 분들은 신기해하세요. 같이 운동하던 친구가 프로팀에 가서 스포츠트레이너로 일한다고 하니까요. 스포츠트레이너라는 직업의 이미지는 좋은 것 같아요. 아무래도 나쁘게 보는 것 같은 시선은 없거든요. 프로팀이니까 배구라는 종목 자체에 관심이 있는 분들은 선수들에 대해 물어보기도 해요. 하지만 사적인 질문에 답변은 잘 해주지 않는 편입니다. 부모님께선 좋아하시는 것 같아요. 부모님도 운동을 좋아하셔서 경기가 있으면 다 챙겨보시고, 이겼을 때나 졌을 때나 제게 항상 연락을 하셔서 경기에 대한 이야기를 하시죠.

Question 기억에 남는 사건이나 사고가 있나요?

2018-2019 시즌 마지막 경기가 끝나고 나서 어린 선수들이 막 울었어요. 그게 가장

기억에 남아요. 아주 펑펑 울더라고요. 깜짝 놀랐어요. 선수들이 우는 걸 보고 이 선수들이 자기 직업에 대해서 어떻게 생각하고 있는지를 간접적으로나마 느낄 수 있었던 것 같아요. 배구는 선수들에게 있어 삶의 전부인 거니까, 이들을 도와줘야 하는 제 직업에 대해서도 다시 한 번 생각해 봤던 시간이에요.

Question 스포츠트레이너의 연령대가 낮은 이유가 있을까요?

퍼스널 트레이너와 프로팀 트레이너의 차이점을 이야기할 수 있을 것 같아요. 퍼스널 트레이너의 경우 제가 느낀 바로는 어릴수록 유리한 것 같아요. 그리고 프로팀 트레이너는 나이가 많을수록 유리한 것 같습니다. 물론 제가 다 아는 것은 아니지만 퍼스널 트레이너 같은 경우는 나이가 많으면 이직 등이 좀 더 어려워지는 것 같고, 프로팀 트레이너는 유독 경력이 중요하다 보니 연령대가 그나마 좀 높은 것 같아요. 오히려 프로팀 트레이너는 경력이 쌓이면 이직이 더 쉬워지는 것 같아요. 그런 차이라고 생각합니다.

Question 스포츠트레이너로서 뿌듯했던 적은 언제인가요?

팀 성적이 좋았을 때라고 이야기할 수도 있지만, 좋은 성적의 공은 선수들에게 가는 게 맞다고 생각해요. 대신 간혹 한 번씩 선수들을 사적으로 만날 때가 있는데요. 어쩌다 따로 만난 선수들이 '1년 동안 고생했다', '트레이너 선생님 덕분에 더 잘할 수 있었다'라는 이야기를 해줄 때 가장 기쁩니다. 팀이 우승을 하는 것도 좋겠지만 그보다는 선수가 직접 고맙다는 이야기를 해 줄 때 제일 뿌듯해요. 그리고 경기가 끝나면 다들 나가기 바쁜데 고맙다고 따로 인사를 하는 선수가 있을 때, 그때도 참 뿌듯하죠.

훌륭한 스포츠트레이너가 되기 위해 어떤 노력을 하시나요?

모든 스포츠트레이너 선생님들이 다 같을 것 같은데요. 시간이 날 때마다 세미나에 참석하거나, 몸에 관련된 내용을 다룬 논문을 주기적으로 찾아보면서 선수들이 잘 다치는 부위에 대해 더 집중적으로 알아보고 공부합니다. 그리고 시간이 날 때마다 해부학 책도 보고 있어요. 안 보면 잊어버리잖아요.

 스포츠트레이너로서 바람이 있다면요?

제 바람은 선수들이 안 다쳤으면 하는 것입니다. 선수들이 다치지 않아야 제 일도 줄어들고 불안하지 않으니까요. 그런데 솔직히 아예 다치지 않을 수는 없고, 운동을 하다 보면 선수들마다 자잘한 부상을 입기는 하는데 부상이 오더라도 빨리 복귀를 하고 건강하게 운동을 했으면 좋겠어요. 그건 어느 스포츠트레이너든 다 마찬가지일 것 같아요.

 앞으로 이루고 싶은 목표가 있나요?

제가 팀 생활을 얼마나 더 할 수 있을지는 모르겠지만, 팀에 소속되어 있는 동안에는 제가 소속된 프로팀이 우승하는 모습을 보고 싶어요. 그런데 저희 수석 트레이너 선생님도 20년 넘게 프로팀에서 생활하셨지만 우승하는 모습은 한 번도 못 보셨다고 해요.

사실 이번 2018-2019 시즌이 기회이긴 했는데 아쉽죠. 이룰 수 있을지 모르겠지만 그것이 저의 첫 번째 목표입니다. 그리고 저는 오랫동안 팀 생활을 해서 저희 수석 트레이너 선생님처럼 되고 싶어요. 그게 가장 큰 목표예요. 내가 하고 있는 일을 오랫동안 할 수 있다는 것은 실력의 증거인 것 같아요. 인정을 받아야 오래 할 수 있는 거니까요. 그리고 프로팀 이후의 무대를 생각한다면 아무래도 해외가 아닐까 싶어요.

 **스포츠트레이너로서 가진 신념이 있다면 무엇인가요?**

우선 나 자신과 선수들에게 믿음을 가져야 해요. 내가 하는 일, 특히 치료나 운동에 대해 나 자신도 믿음이 없으면서 선수들에게 시키면 안 되기 때문이죠. 물론 공부도 많이 하고, 제가 하는 일에 대한 근거도 있어야 하고요. 치료나 운동 등의 일에 대한 지식이나 학술적인 근거까지 갖춰져 있는 상태에서는 나 자신을 믿어야 해요. 그렇지 않으면 아무 것도 되지 않겠죠.

 스포츠트레이너라는 직업을 한마디로 표현한다면요?

숨은 조력자.

TV를 보다 보면 스포츠트레이너들이 가끔 화면에 나오잖아요. 그런데 스포츠트레이너들은 TV에 자주 비춰지면 실패한 거라고 생각해요. 단순히 감독님 뒤에 서 있다가 비춰지는 걸 제외하면요. 특히 야구팀이나 농구팀의 경기를 보면 스포츠트레이너들의 모습은 잘 나오지 않죠. 배구의 경우에도, 선수가 공에 맞을 때 등을 제외하고는 선수들이 아파서 스포츠트레이너들이 왔다 갔다 하는 모습을 자꾸 보이게 된다면 그건 좋지 않은 것이라고 생각해요. 스포트라이트는 선수들이 받는 게 맞고, 스포츠트레이너는 조용히 뒤에서 받쳐주는 역할이라고 생각합니다.

 **학생들에게 스포츠트레이너라는 직업을 추천하시나요?**

운동을 좋아하고 선수들을 좋아하고, 팀을 위해 자신을 희생할 수 있는 사람이라면 추천합니다. 하지만 화려한 겉모습만 보고 이 직업을 꿈꾸는 것이라면 별로 추천하지

않아요.

그리고 팀 생활이 맞지 않는다면 빨리 포기하는 것이 낫습니다. 저는 팀 생활이 잘 맞는 편이지만요. 근무 기간 동안에는 안정된 수입을 받지만, 근무 시간 자체도 매우 긴 편이고, 개인 시간은 그만큼 적으므로 정말 적성에 맞는 사람들에게만 추천하고 싶어요.

Question 스포츠트레이너로서의 비전은 어떻게 생각하시나요?

대부분의 프로팀 스포츠트레이너는 1년 계약직이지만, 개인의 업무 능력이 충분하다면 큰 무리 없이 재계약을 이룰 수 있습니다. 선배 트레이너들 중에는 20년 넘게 근무하시는 분들도 많으므로, 후배 트레이너들도 충분히 가능하다고 생각해요.

Question 스포츠트레이너를 꿈꾸는 학생들에게 해주실 말씀이 있다면요?

유명 프로 선수와 친분이 생기는 것, 언론 등에 가끔씩 비추어지는 화려한 면만 보는 것은 위험해요. 그 안에서 자기 자신이 희생해야 한다는 것, 본인보다는 팀을 위해 헌신해야 한다는 것을 첫 번째로 생각하고 직업을 선택하였으면 좋겠습니다. 또한 스포츠트레이너가 되어가는 과정이 제 생각에는 앞으로 몇 년이 지나도 크게 바뀌거나 하지는 않을 것 같은데, 그 과정에서 좌절하지 않았으면 좋겠다고 이야기해주고 싶어요. 기본적인 공부는 당연하고, 가장 중요한 것은 현장감이죠. 처음부터 안정되고 높은 연봉을 바라는 것은 무리예요. 처음에는 경험과 경력을 쌓으며 현장감을 익히는 것을 최선으로 해야 할 것입니다.

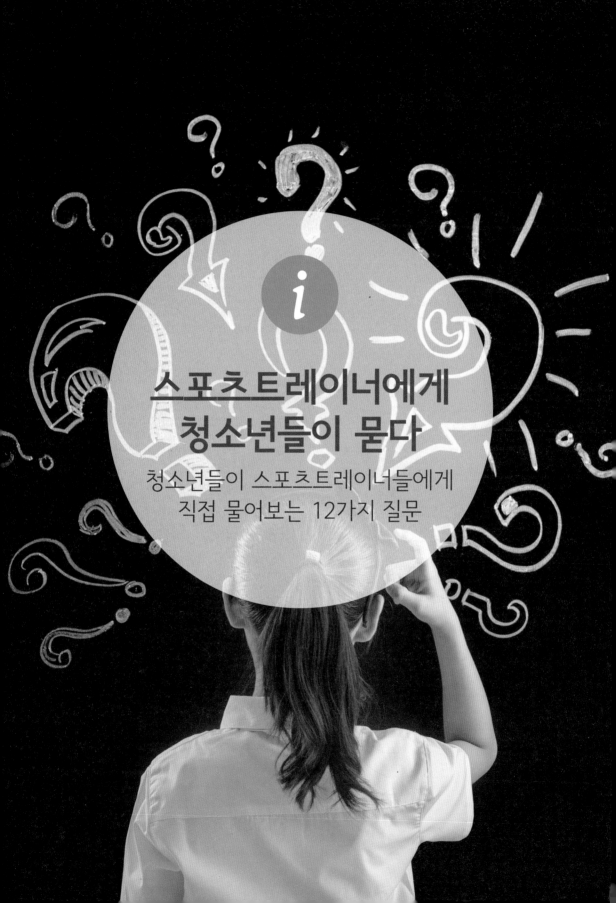

스포츠트레이너에게
청소년들이 묻다
청소년들이 스포츠트레이너들에게
직접 물어보는 12가지 질문

"스포츠트레이너를 꿈꾸는 학생들에게
추천하는 책이 있나요?"

추천할 만한 책은 너무나 많아요. 요즘은 다양한 전문 분야의 관련 서적이 즐비합니다. 트레이너는 무엇 하나만 공부해야 된다기보다는 생체학, 해부학, 영양학, 재활의학을 다 공부해야 된다고 생각합니다. 저는 대한체육협회나 타 기관 및 단체에서 요점만 간단히 추려 펴낸 전공도서를 추천합니다.

"스포츠트레이너도 시합 때 긴장이 될 것 같아요.
어떻게 마인드 컨트롤을 하시나요?"

저도 긴장이 많이 되지만 사실 긴장할 시간이 별로 없어요. 시합장에 가면 챙겨야 할 게 더 많기 때문에 일을 하다 보면 어느새 지나가더라고요. 대신 잊은 게 없는지 시합 전에 두세 번씩 반복해서 챙기는 편이에요. 그리고 시합 때는 최대한 평정심을 유지하려고 노력합니다. 항상 거울을 보고 저한테 이야기해요. 괜찮다고, 잘하고 있다고. 일종의 자기 최면이죠.

"동고동락하던 팀의 선수가 이적하거나 떠나야
하는 상황이 오면 힘들진 않나요?"

처음에는 힘들었고, 지금도 힘든 것은 마찬가지입니다. 팀 트레이너를 하다보면 가족이라는 생각이 들기에 더 그런 것 같아요. 하지만 선수들이 이적하는 것은 더 잘되기 위해 이적하는 경우가 대부분이기 때문에 기뻐하면서 떠나는 경우도 적지 않습니다. 개인적으로 친한 선수들은 팀이 바뀌더라도 연락을 계속 하니까 이제는 크게 힘들지는 않아요.

"스포츠트레이너와 관련 없는 전공을 선택해도 괜찮은가요?"

물론 괜찮습니다. 스포츠트레이너들을 보면 대체로 취미로 운동을 시작했다가 운동에 대한 흥미를 느끼면서 시작하시는 분들이 대부분입니다. 꼭 관련 학과를 전공하지 않더라도 스포츠트레이너 관련 자격을 취득할 수 있는 여건이 마련되어 있기 때문이죠. 물론 전반적인 체육학 분야까지 아우르는 전공을 선택한다면 더욱 좋을 것이라고 생각합니다.

"팀에서의 생활이 궁금합니다."

팀에서는 합숙 생활을 하기 때문에 24시간 선수들과 붙어 있어요. 가족들보다 더 많이 보는 셈이죠. 가장 좋은 점은 가까이에서 함께 하기 때문에 선수들에 대해서 더 잘 알 수 있다는 점이고, 가장 안 좋은 점은 집에 못 간다는 것, 제 생활이 아무래도 제한된다는 점입니다. 하지만 종종 휴가가 있어서 안 좋은 점도 상쇄되는 것 같아요.

"스포츠트레이너를 꿈꾸고 있는데 부모님께서 반대가 심하십니다. 어떻게 설득해야 할까요?"

여러가지 이유가 있겠지만, 제가 주변에서 들었던 가장 큰 이유는 금전적인 문제였습니다. 보통의 부모님들께서는 스포츠트레이너를 그저 저연봉의 마사지사라고만 생각하시는 분들이 많더라고요. 하지만 그건 정말 옛날 얘기입니다. 요새 스포츠트레이너는 자신의 능력에 따라 고연봉, 고수입의 직업으로 떠오르는 직업 중 하나로 소개되고 있습니다. 뿐만 아니라, 헬스케어 시대가 도래하면서, 정부에서도 이러한 전문적 지식을 가진 사람들의 성장을 도와주고 있기에 저는 굉장히 전도유망한 직업이라고 생각합니다.

"스포츠트레이너는 운동을 잘 해야 하나요?"

스포츠트레이너는 당연히 운동을 잘 해야 하죠. 수학선생님이 되려면 수학을 잘 해야 하듯이 스포츠트레이너는 운동을 가르치는 사람이기 때문에 운동을 잘 해야 합니다. 하지만 흔히 TV나 SNS를 통해 볼 수 있는 보디빌더처럼 반드시 근육이 우락부락해야 하는 건 아니에요. 기본적으로 스포츠트레이너는 여러 가지 운동을 바른 자세로 할 수 있어야 하고, 어떤 근육을 쓰는 운동인지 알고 있어야 합니다.

"스포츠트레이닝 공부를 하는 학생들이 주의할 점이 있다면 무엇일까요?"

주의할 점은 없습니다. 사람의 몸과 관련된 것이라면 그것이 100이라 해도 1000을 알아서 나쁠 것은 없습니다. 모든 분야를 공부하고 모든 것을 다 통달할 수 있는 노력이 필요해요.

"부상선수들은 긴 재활기간을 거쳐야 한다는데 지켜보는 트레이너도 힘들 것 같아요. 이럴 땐 어떻게 마인드 컨트롤을 하시나요?"

동고동락을 하다보면 가끔씩 제가 대신 아프고 싶다라는 생각이 들 정도로 선수들은 힘든 재활 과정을 겪고 있습니다. 이렇게 힘든 재활 프로그램을 시켜야 하는 것이 미안하기도 하고 힘들지만, 선수의 미래를 위해서라도 절대 약한 모습을 보여서는 안됩니다. 운동선수들은 몸이 재산이라는 말이 있는데, 재활을 하는 선수가 회복을 위해 몸을 저에게 맡긴 상황에서 제가 흔들리고 힘들어 하는 모습을 보이게 된다면 선수들이 오히려 더 불안해 하고 재활에 실패할 수 있습니다. 그래서 저는 선수들 앞에서 항상 웃는 모습을 보이기 위해 평소에도 긍정적인 생각을 하려 하고, 밝은 에너지가 선수들에게 전달될 수 있도록 노력하고 있습니다.

"꼭 자격증을 따야 할까요?"

자격증은 있으면 좋습니다. 필수적인 것은 따놓는 것이 좋다고 생각합니다. 정해진 바는 없지만, 국내에 존재하는 사단법인자격증보다는 좀 더 공신력 있는 외국 기관의 자격증(NASM, NSCA 등) 취득을 위해 공부하는 것도 나쁘지 않다고 생각합니다.

"낯을 가리는 성격은 스포츠트레이너가 되기 힘든가요?"

전문적으로 정식 교육 과정을 밟고 실습과 시연을 거쳐 현장으로 나가면 교육 대상자에게 더욱 더 안정적으로 교육을 제공할 수 있습니다. 교육을 거치면 성격 변화에도 큰 도움이 될 것이라 생각합니다.

"스포츠트레이너가 다치면 스스로 치료도 하나요?"

스포츠트레이너들은 사람의 몸을 다루는 사람들이기 때문에 분명 근골격에 대한 해부학적 지식과 움직임에 대한 이해를 기본적으로 갖추고 있습니다. 하지만 부상을 당했을 경우에는 병원에서 정확한 진단과 치료를 받아야 합니다. 물론 부상으로 인해 몸이 굳거나 기능이 떨어졌다면 스포츠트레이너 스스로 운동을 통해 회복할 순 있겠지만, 우선은 병원에서 어디가 어떻게 다쳤는지 정확한 진료를 받아보는 것이 좋습니다.

예비
스포츠트레이너
아카데미

스포츠트레이너의 가방 속

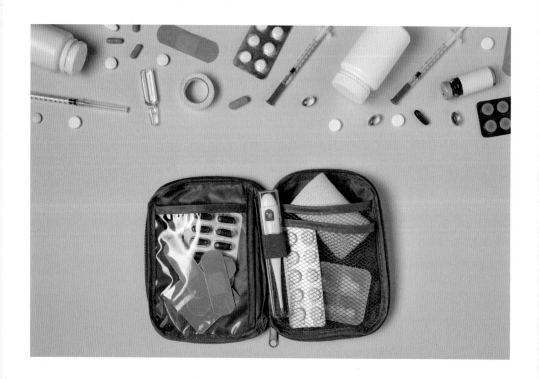

스포츠트레이너들의 가방(트레이너 키트)에는 무엇이 들어 있을까?

　스포츠트레이너는 운동선수들이 언제 어떻게 부상을 입을지 모르기 때문에 응급상황에서 빠른 대처를 위해 항상 가방을 들고 다닌다. 이러한 가방을 일명 '트레이너 키트(trainer kit)', '메디컬 키트(medical kit)'라고 한다. 스포츠 종목에 따라 약간의 차이는 있지만 기본적인 구성은 거의 비슷하다.

　스포츠트레이너들의 가방은 용도에 따라 파우치, 캐리어, 백팩, 크로스백, 힙색 등 다양한 모습으로 존재한다. 기본적으로 가방 안은 스포츠트레이너들의 필수품인 각종 상비약들과 부상 관리 용품들로 채워져 있다. 부상 치료뿐만 아니라 부상 예방을 위해 사용되는 소모품, 응급약품 등 굉장히 많은 물건들이 들어있다. 그렇기 때문에 스포츠트레이너들이 들고 다니는 가방의 무게는 항상 10kg 내외에 육박한다.

1. 응급 처치 시 필요한 각종 상비약

진통제, 소염제, 알레르기 약, 소독약, 연고, 반창고, 소독솜, 체온계, 거즈, 붕대, 밴드, 가위, 핀셋, 손톱깎이, 일회용 알코올솜, 냉각 스프레이 등의 의약품은 거의 다 구비되어 있다.

일반적인 알약부터 타박상의 통증을 완화하기 위한 냉각 스프레이, 손발톱이 살 속으로 파고드는 경우를 대비한 손톱깎이에 이르기까지, 스포츠트레이너들은 운동선수가 겪을 수 있는 모든 상황에 대비한 비상약품들을 가지고 다닌다.

[여기서 잠깐! - 응급 처치 용품]

스포츠 테이프, 가위, 면봉, 장갑, 담요, 타월, 연고, 손톱깎이, 체온계, 바셀린, 식염수, 멸균거즈, 알콜스왑, 소독솜, 붕대, 소염제, 진통제, 각종 비타민, 핀셋, 밴드, 냉각 스프레이, 응급 처치용 크림, 자외선 차단제, 삼각붕대, 테이프 접착제 및 제거제, 팔걸이대, 지혈제, 아이스팩 등

2. 테이핑에 필요한 스포츠 테이프와 각종 보호대

언제 어디서 운동선수가 부상을 입을지 모르기 때문에 스포츠트레이너는 항상 각종 부위별 보호대와 응급 처치 또는 부상 방지에 사용되는 스포츠 테이프를 챙겨 다닌다.

3. 컨디셔닝 용품

스포츠트레이너들은 어디서나 운동선수들의 스트레칭을 돕고 마사지를 할 수 있도록 마사지 스틱, 폼 롤러, 마사지 베드 등 마사지를 위한 소도구와 각종 컨디셔닝 용품을 휴대하고 다닌다.

스포츠트레이너들의 필수 업무 '테이핑 요법'

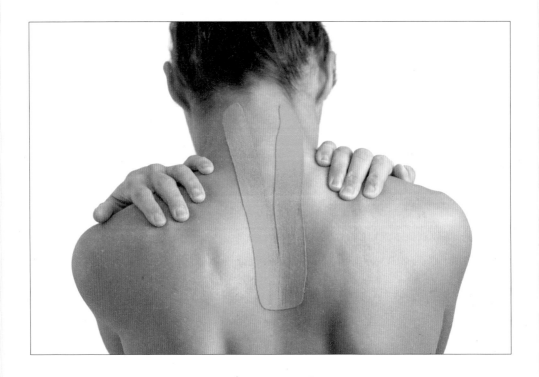

　운동 경기를 보다 보면, 운동선수들이 몸에 여러 색상의 테이프를 붙이고 있는 모습을 볼 수 있다. 이렇게 운동을 할 때 몸에 테이프를 붙이는 것을 테이핑 요법이라 한다.

　테이핑 요법은 특정 약품에 의해 통증을 감소시키는 것이 아니다. 피부에 스포츠 테이프를 붙임으로써 피부를 들어 올리고, 피부와 근육 사이의 공간을 커지게 하여 혈액과 림프액의 순환이 원활해지도록 도움을 주는 것이다. 또한 테이핑 요법은 관절이나 근육을 지지해주는 기능이 있어 통증을 줄이거나 부상을 예방할 수 있고, 응급 처치 목적으로도 사용되기 때문에 스포츠트레이너들은 다양한 용도의 스포츠 테이프와 부위별 보호대를 휴대하고 다닌다.

테이핑의 목적

1. 부상 방지

부상의 위험성이 있는 부위에 테이핑 요법을 시행하여 부상을 방지한다.

2. 응급 처치

부상 시, 근육이나 관절을 움직일 수 없도록 고정하는 응급 처치를 할 수 있다.

3. 부상의 재발 방지

부상을 당했던 부위, 재활 중인 부위에 테이핑 요법을 사용하여 부상 부위의 부담을 덜어주고 부상이 재발하는 것을 방지할 수 있다.

[여기서 잠깐! - 테이핑 할 때 주의할 점!]

1. 테이핑을 실시할 부위는 청결해야 한다.

테이핑을 하는 부위가 청결하지 못하면 테이프의 접착력이 떨어져 고정이 잘 되지 않는다. 테이프가 잘 고정되지 않으면 효과가 떨어질 수 있으니 테이핑을 할 부위를 청결하게 한 뒤 테이핑을 시행해야 한다.

2. 해부학, 운동 기능 등의 지식을 학습한 후 테이핑 요법을 시행한다.

부상 부위와 정도에 따라, 또는 테이핑을 함으로써 어느 부위의 어느 움직임을 제한할 것인지, 아니면 보호할 것인지 등에 따라 테이핑의 방법이 달라질 수 있다. 테이핑을 잘못 시행할 경우 혈액 순환을 방해하거나 잘못된 당김 현상이 일어날 수 있다. 그렇기 때문에 정확한 지식을 학습하고 난 뒤 시행해야 한다.

3. 장시간의 테이핑은 피부 가려움의 원인이 될 수 있다.

테이핑을 너무 오랜 시간 동안 하고 있으면 피부가 가렵거나 테이프가 밀려 벗겨질 수 있다. 그렇기 때문에 피부의 상태나 부상 정도, 운동의 특성에 따라 테이핑 요법의 적용 시간을 고려해야 한다.

스포츠트레이너들의 필수 업무 '스포츠 마사지 (Sports Massage)'

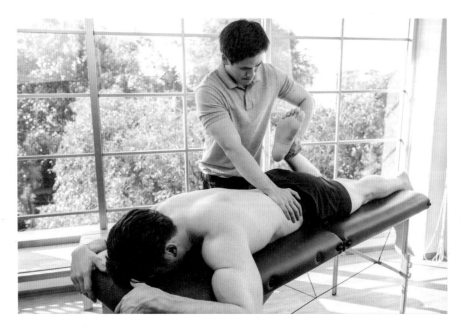

스포츠트레이너의 필수 업무이기도 한 스포츠 마사지는 선수들의 근육과 인대의 피로 회복, 통증 조절 등에 도움을 준다. 스포츠 마사지는 시합 전, 중, 후의 선수 트레이닝에서 매우 중요한 부분을 차지하며, 특히 선수가 과도한 운동으로 인해 근육통을 느낄 때 증가하는 염증을 감소시키는 역할을 한다.

◆ 시합 전

스포츠 마사지를 통해 시합을 앞둔 선수의 긴장을 조절해주는 것은 매우 중요하다. 시합 전에 행하는 스포츠 마사지는 집중력 향상, 웜업 효과에도 도움이 된다. 하지만 시합 전에는 적절한 강도의 가벼운 마사지를 해야 하며 강한 강도로 해서는 안 된다.

◆ 시합 중, 후

토너먼트 형식의 경기를 하거나, 종목에 따라 하루에 2회 이상 경기를 진행하는 경우에는 경기 중간에 하는 트레이닝이 중요하다. 앞서 경기에 썼던 에너지를 어떻게 회복하느냐에 따라 이후 경기 결과가 달라질 수 있기 때문이다. 이런 상황에서 적절한 스포츠 마사지는 선수의 피로 회복은 물론 경기력 향상에도 도움을 준다.

프로야구팀 트레이너의 일지 양식

보고서 작성자 : 김기태

재활군 훈련 & 치료 일지

■ 일자: 2019년 00월 00일 (수)   ■ 장소: 강화 퓨처스파크

선수명	부상명	훈련 내용	치료 내용	단계	복귀예정
투 수(6)					
야 수(5)					
비고					

관련 학과 및 대학 안내

1. 스포츠의학, 재활학과 / 운동처방학과

지역	대학명	학과	구분
서울	상명대학교	스포츠건강관리전공	대학교
	한국체육대학교		
	국민대학교	스포츠건강재활학과	
	경희대학교	스포츠의학과	
	성신여자대학교	운동재활복지학과	
	경희대학교	스포츠의학과	
	서울과학기술대학교(산업대)	스포츠건강학과	산업대학
경기	경기대학교	스포츠건강과학전공	대학교
	수원대학교	스포츠건강관리학과	
	을지대학교	운동처방학과	
	차의과학대학교	스포츠의학과	
	가천대학교	운동재활복지학과	
	여주대학교	스포츠건강관리과	전문대학(2년제)
인천	인천대학교	스포츠건강과학과	대학교
강원	가톨릭관동대학교	스포츠건강관리학과	대학교
	동우대학	스포츠건강학부	전문대학(2년제)
충북	한국교통대학교	스포츠건강관리학전공	대학교
	중원대학교	스포츠건강의학과	
	청주대학교	스포츠건강재활전공	
		스포츠의학과	
	건국대학교(글로컬)	스포츠건강학전공	
	충북보건과학대학교	스포츠건강관리과	전문대학(2년제)
충남	남서울대학교	스포츠건강관리학과	대학교
	단국대학교	운동처방재활학과	
	건양대학교	운동처방학과	
		스포츠의학과	
	순천향대학교	스포츠의학과	
	글로벌사이버대학교	스포츠건강학과	사이버대학(대학)
대전	한밭대학교	스포츠건강과학과	대학교
	목원대학교	스포츠건강관리학과	
	우송대학교	스포츠건강재활학과	
	대전과학기술대학교	스포츠건강관리과	전문대학(2년제)

지역	대학명	학과	구분
경 북	대구대학교	운동처방학과	대학교
	경주대학교	태권도·운동처방학과	
	대구카톨릭대학교	스포츠의학전공	
경 남	영산대학교(산업대)	스포츠건강관리학과	산업대학
부 산	동명대학교	스포츠건강관리학전공	대학교
	경성대학교	스포츠건강학부	
	동의대학교	운동처방재활학과	
	동서대학교	운동처방학전공	
전 북	원광대학교	스포츠건강관리학과	대학교
	한일장신대학교	운동처방재활학과	
	전주대학교	운동처방학과	
	우석대학교	스포츠의학과	
전 남	동신대학교	운동처방학과	대학교
	청암대학교	스포츠건강관리과	전문대학(3년제)
제 주	제주국제대학교	스포츠재활학과	대학교

2. 물리치료학과

지역	대학명	학과	구분
서 울	고려대학교	물리치료학과	대학교
	삼육대학교		
경 기	가천대학교	물리치료학과	대학교
	용인대학교		
	을지대학교		
	경복대학교	물리치료과	전문대학(3년제)
	동남보건대학교		
	안산대학교		
	수원여자대학교		전문대학(2년제)
	신구대학교		
	여주대학교		
강 원	강원대학교	물리치료학과	대학교
	경동대학교		
	상지대학교		
	연세대학교(원주)		
	강릉영동대학교	물리치료과	전문대학(3년제)
	한림성심대학교		
충 북	유원대학교	물리치료학과	대학교
	청주대학교		

지역	대학명	학과	구분
충 북	한국교통대학교	물리치료학과	대학교
	강동대학교	물리치료과	전문대학(2년제)
	대원대학교		
충 남	나사렛대학교	물리치료학과	대학교
	남서울대학교		
	단국대학교		
	백석대학교		
	선문대학교		
	중부대학교		
	한서대학교		
	호서대학교		
	신성대학교	물리치료과	전문대학(3년제)
대 전	건양대학교	물리치료학과	대학교
	대전대학교		
	우송대학교		
	대전과학기술대학교	물리치료과	전문대학(2년제)
	대전보건대학교		
경 북	경운대학교	물리치료학과	대학교
	김천대학교		
	대구가톨릭대학교		
	대구대학교		
	대구한의대학교		
	위덕대학교		
	경북전문대학교	물리치료과	전문대학(3년제)
	선린대학교		
	안동과학대학교		
	포항대학교		
	구미대학교		전문대학(2년제)
	김천대학		
	호산대학교		
경 남	가야대학교(김해)	물리치료학과	대학교
	경남대학교		
	영산대학교		
	인제대학교		
	한국국제대학교		
	김해대학교	물리치료과	전문대학(3년제)
	마산대학교		
부 산	경성대학교	물리치료학과	대학교
	동의대학교		

지역	대학명	학과	구분
부산	부산카톨릭대학교	물리치료학과	대학교
	신라대학교		
	경남정보대학교	물리치료과	전문대학(3년제)
	동주대학교		
	동의과학대학교		전문대학(2년제)
전북	우석대학교	물리치료학과	대학교
	전주대학교		
	호원대학교		산업대학
	군장대학교	물리치료과	전문대학(3년제)
	원광보건대학교		
	전주비전대학교		전문대학(2년제)
전남	동신대학교	물리치료학과	대학교
	세한대학교		
	한려대학교		
	광양보건대학교	물리치료과	전문대학(3년제)
	목포과학대학교		
	청암대학교		
	전남과학대학교		전문대학(2년제)
제주	제주한라대학교	물리치료과	전문대학(3년제)

3. 체육학과

지역	대학명	학과	구분
서울	연세대학교	사회체육과	대학교
	한국체육대학교	사회체육학과	
	이화여자대학교	사회체육학전공	
	광운대학교	생활체육학과	
	덕성여자대학교		
	삼육대학교		
	숭실대학교		
	이화여자대학교	체육교육과	
	건국대학교		
	고려대학교		
	동국대학교		
	서울대학교		
	숙명여자대학교		
	중앙대학교		
	연세대학교	체육교육학과	

지역	대학명	학과	구분
서 울	경희대학교	체육학과	대학교
	동덕여자대학교		
	서울여자대학교		
	성신여자대학교		
	세종대학교		
	이화여자대학교		
	한국체육대학교		
	한양대학교		
	국민대학교	체육학부	
	한국체육대학교	특수체육교육과	
	명지전문대학	사회체육과	전문대학(3년제)
	한양여자대학교		전문대학(2년제)
	디지털서울문화예술대학교	사회체육학과	사이버대학(대학)
경 기	가천대학교	사회체육학과	대학교
	강남대학교		
	경기대학교		
	신경대학교		
	용인대학교		
	한양대학교(ERICA)	생활체육전공	
	단국대학교	체육교육과	
	성결대학교		
	수원대학교	체육학	
	가천대학교	체육학과	
	경기대학교		
	경동대학교		
	성결대학교		
	용인대학교		
	대림대학교	사회체육과	전문대학(3년제)
	연성대학교		
	수원과학대학교	생활체육계열	
	여주대학교	사회체육과	전문대학(2년제)
	국제대학교	생활체육과	
	신흥대학교		
	장안대학교		
인 천	인천대학교	생활체육학과	대학교
	인하대학교	체육교육과	
강 원	한라대학교	사회체육학과	대학교
	가톨릭관동대학교	사회체육학전공	
	강원대학교	체육교육과	

지역	대학명	학과	구분
강원	강릉원주대학교	체육학과	대학교
	경동대학교		
	한림대학교		
	강원대학교	체육학부	
	상지대학교		
충 북	극동대학교	사회체육학과	대학교
	세명대학교		
	서원대학교	체육교육과	
	청주대학교		
	충북대학교		
	한국교원대학교		
	유원대학교	체육학과	
	청주대학교		
	충북대학교		
	중원대학교	체육학부	
	충청대학교	사회체육과	전문대학(2년제)
충 남	중부대학교	사회체육학과	대학교
	상명대학교		
	호서대학교		
	선문대학교		
	순천향대학교		
	공주대학교	생활체육지도학과	
	단국대학교	생활체육학과	
	공주대학교	체육교육과	
대 전	대전대학교	사회체육학과	대학교
	충남대학교		
	한남대학교		
	목원대학교	사회체육학전공	
	충남대학교	체육교육과	
	대덕대학교	사회체육과	전문대학(2년제)
경 북	대구예술대학교	사회체육전공	대학교
	위덕대학교		
	경운대학교	사회체육학과	
	동국대학교(경주)		
	경주대학교	생활체육학과	
	동양대학교		
	대구카톨릭대학교	체육교육과	
	대구대학교	체육학과	

지역	대학명	학과	구분
경 북	대구한의대학교	체육학과	대학교
	안동대학교		
	영남대학교	체육학부	
	위덕대학교	평생체육지도전공	
	경북과학대학교	사회체육과	전문대학(2년제)
	경북도립대학교	생활체육과	
경 남	인제대학교	사회체육학과	대학교
	한국국제대학교		
	경남대학교	체육교육과	
	경상대학교		
	창원대학교	체육학과	
	창원문성대학교	사회체육과	전문대학(3년제)
	마산대학교	생활체육과	
	동원과학기술대학교		전문대학(2년제)
부 산	부산외국어대학교	사회체육학부	대학교
	동아대학교		
	부산대학교	체육교육과	
	동명대학교	체육학과	
	동아대학교		
	동의대학교		
	신라대학교		
	경성대학교	체육학전공	
	부산교육대학교	체육교육과	교육대학
	동의과학대학교	사회체육과	전문대학(2년제)
	부산경상대학교		
	부산예술대학교		
대 구	계명대학교	사회체육학전공	대학교
	경북대학교	체육교육과	
	수성대학교	생활체육레저과	전문대학(3년제)
	계명문화대학교	생활체육학과	전문대학(2년제)
울 산	울산대학교	생활체육전공	대학교
	울산과학대학교	사회체육과	전문대학(3년제)
전 북	원광대학교	사회체육학과	대학교
	전주대학교	생활체육학과	
	예원예술대학교		
	원광대학교	체육교육과	
	전북대학교		
	군산대학교	체육학과	

지역	대학명	학과	구분
전 북	우석대학교	체육학과	대학교
	전주대학교	체육학부	
	군장대학교	생활체육과	전문대학(3년제)
전 남	세한대학교	레저·체육학부	대학교
	순천대학교	사회체육학과	
	초당대학교		
	한려대학교		
	동신대학교	생활체육학과	
	세한대학교		
	목포대학교	체육학과	
	목포과학대학교	사회체육과	전문대학(3년제)
	고구려대학교	사회체육복지과	
	동아보건대학교	사회체육행정전공	
	전남과학대학교	생활체육과	전문대학(2년제)
광 주	송원대학교	사회체육학과	대학교
	광주대학교	생활체육학부	
	조선대학교	체육학과	
	전남대학교	체육교육과	
	동강대학교	사회체육과	전문대학(2년제)
제 주	제주대학교	체육학과	대학교
		체육교육과	
	제주한라대학교	생활체육과	전문대학(3년제)

초보자도 쉽게 따라할 수 있는 웨이트 트레이닝 기본 동작

1. 복근 운동

■ 크런치

◆ **운동 효과**

복근 및 코어 근육에 효과적인 동작. 근력과 유연성이 향상된다.

◆ **운동 방법**

1. 윗몸일으키기와 같지만 몸을 절반만 들어 올린다.
2. 상체를 완전히 들어 올리지 않고, 머리를 내릴 때도 완전히 내려놓지 않는다.

■ 레그레이즈

◆ **운동 효과**

하복부를 단련하는 운동. 다리를 들어 올리는 근육의 힘을 이용해 복근 운동의 효과를 볼 수 있다. 코어 근육 운동의 효과를 볼 수 있을 뿐만 아니라 고관절의 유연성도 개선할 수 있다.

◆ **운동 방법**

1. 바닥에 매트를 깔고 다리를 쭉 편 채 눕는다.
2. 손은 허리 옆에 두고, 다리를 똑바로 유지하면서 천장을 향해 들어올린다.
3. 움직이는 동안 허리가 아치 형태가 되지 않도록 주의해야 한다.

2. 하체 운동

■스쿼트

◆ **운동 효과**

하체의 근력 강화에 도움이 되는 대표적인
웨이트 트레이닝 운동이다.

◆ **운동 방법**

1. 발을 어깨 너비로 벌린다.
2. 허리를 곧게 편 상태를 유지한 채 팔을 앞
   으로 뻗으며 앉았다 일어난다.
3. 앉았을 때 무릎이 발끝보다 앞으로 나오지
   않도록 주의한다.

■런지

◆ **운동 효과**

대표적인 다리 운동 중 하나로, 허벅지와 엉
덩이에 탄력을 주며 하체 근력을 강화하는
운동이다.

◆ **운동 방법**

1. 두 발을 골반 너비로 벌리고, 허리에 손을
   댄 채 바로 선다.
2. 정면을 보며 오른발을 앞으로 벌려 내밀
   고, 왼발의 뒤꿈치를 세운다.
3. 허리를 똑바로 편 채 오른쪽 무릎을 90도
   로 구부리고 왼쪽 무릎은 바닥에 닿는 느
   낌으로 앉는다.
4. 하체의 힘을 이용하여 천천히 처음 자세
   로 돌아온다.

3. 등 운동

■ 덤벨 로우

◆ 운동 효과

등 근육, 광배근을 발달시킬 수 있는 근력 운동이다.

◆ 운동 방법

1. 덤벨을 잡고, 양발을 어깨 너비만큼 벌리고 선다.
2. 무릎을 약간 굽히고 45도 정도 상체를 숙인다.
3. 복부에 힘을 주며 손바닥이 서로 마주보게 덤벨을 잡아당기며 광배근을 수축한다.
   천천히 덤벨을 내린다.

생생 인터뷰 후기

학창 시절에는 대학에 입학만 하면 모든 게 다 해결되는 줄 알았습니다. 하지만 대학을 졸업하고 나서도 무엇을 어떻게 해야 할지 갈피를 잡지 못했고, 직접 부딪히며 나의 길을 찾으려 노력했습니다. 진로 교육 강사로 일하며 강의를 하기 위해 전국을 돌았고, 수많은 아이들을 만났습니다. 교실의 아이들은 학창 시절 내가 그랬던 것처럼 '나는 무엇을 잘 할 수 있을까?', '나는 무엇을 해야 할까?' 하는 고민을 하고 있었습니다. 학창 시절의 나와 같은 고민을 하고 있는 아이들에게 도움이 되었으면 좋겠다는 마음을 담아 이 책을 쓰기 시작했습니다.

이 책을 준비할 수 있게 도움을 주신 여섯 분의 트레이너님들에게 이 자리를 빌려 감사의 인사를 전하고 싶습니다. 개인 시간이 없을 정도로 바쁜 일정을 소화하고 계신 트레이너님들이시지만 많은 요청 사항에도 항상 웃으면서 성실하게 답변해 주시는 모습에 큰 감동을 받았습니다. 진로를 고민하고 있는 청소년들에게 스포츠트레이너라는 직업에 대한 정확한 안내를 해 주고자 트레이너님들 모두가 각자 자신이 겪은 청소년기의 이야기부터 현재 하고 있는 스포츠트레이너의 다양한 직무까지 조금이라도 더 알려 주려고 많은 노력을 해 주셨고, 그랬기에 이 책을 완성할 수 있었습니다.

스포츠트레이너는 항상 운동선수들의 뒤에 가려져 있고, 그로 인해 각자의 고충도 많은 직업이지만, 그만큼 건강한 대한민국을 만들고자 사명감과 책임감을 가지고 누구보다도 노력하는 직업이라는 것을 알았습니다. 스포츠트레이너라는 직업에 무지했던 저에게, 그리고 진로에 대해 고민이 많은 학생들에게 하나씩 알려준다는 마음으로 많은 것을 친절하게 설명해주신 여섯 분의 트레이너님, 감사합니다.

◑ 김기태 SK와이번스 컨디셔닝 코치

맨 처음 인터뷰를 진행했던 김기태 컨디셔닝 코치님은 스포츠트레이너라는 직업을 정말 사랑하는 마음이 느껴질 만큼 인터뷰 내내 눈빛이 반짝였다. '다시 태어나도 스포츠트레이너를 하고 싶다.' 라고 했던 그의 멘트는 너무 충격적이라 머릿속에서 지워지지 않는다. 그만큼 이 직업에 대한 애정이 있기 때문에 더 좋은 트레이닝을 위해 끊임없이 스스로 역량을 키워나가고 또 발휘하고 있는 것이 아닐까 싶다.

자신의 멘토이신 교수님처럼, 언젠가는 교단에 서서 학생들의 멘토가 되는 것이 꿈이라는 김기태 컨디셔닝 코치. 그의 스포츠트레이닝에 대한 열정은 누군가의 멘토가 되었을 때 더 빛날 것이라는 확신이 든다. 앞으로도 김기태 컨디셔닝 코치의 열정을 응원한다.

◐ 박은성 퍼스널 트레이너

대학 선배인 박은성 퍼스널 트레이너는 나의 기억 속에도 대학 시절 내내 운동을 하던 모습으로 남아 있다. 항상 장난기 가득한 모습이지만 퍼스널 트레이너나 스포츠트레이닝과 관련된 이야기가 나오는 순간에는 누구보다도 진지한 눈빛으로 변한다. 처음엔 생계 때문에 퍼스널 트레이너라는 직업을 택했다고 했지만, 현재는 자신의 분야에서 그 누구보다도 열정적이고 자신감 있는 모습을 보여주고 있다. 박은성 퍼스널 트레이너는 항상 자기 자신을 믿고, 트레이닝이라는 전문 분야에 대한 자부심을 바탕으로 꾸준히 노력하고 발전하는 사람이라는 것을 인터뷰 내내 느낄 수 있었다. 앞으로 그가 자신의 목표와 꿈을 이뤄가길 응원한다.

◐ 안치훈 부산시장애인체육회 장애인생활체육지도자

처음 인터뷰 요청 연락을 드렸을 때 자신은 일반 스포츠트레이너가 아닌 장애인생활체육지도자라고 말씀하셨다. 우리는 일반적으로 스포츠트레이너라는 직업을 생각했을 때, 비장애인을 대상으로 하는 스포츠트레이너만 떠올리게 된다. '스포츠트레이너'라는 직업에도 다양한 세부 분야가 있다는 것을 책에 담고 싶다는 나의 의견을 전달하니 흔쾌히 인터뷰에 응해주셨다. 인터뷰를 진행하는 내내 안치훈 트레이너님의 선한 웃음에서 배려심을 느낄 수 있었고, 이야기를 들을수록 그 선한 웃음은 안치훈 트레이너님의 삶에서 묻어나오는 것이라는 생각이 들었다. 안치훈 장애인생활체육지도자님은 아직까지는 체계가 잘 잡혀있지 않은 상황에서도 선수들에게 더 나은 환경을 만들어 주기 위해 많은 노력을 하고 있다. 그의 선한 영향력이 널리 전달되었으면 좋겠다.

◐ 최윤경 하모니트레이닝센터 메디컬 트레이너

항상 밝은 에너지로 운동선수, 일반 회원들이 즐겁게 재활을 할 수 있도록 도와주는 최윤경 메디컬 트레이너. 인터뷰를 진행하며 나 또한 트레이너님의 밝은 기운에 즐거움을 느꼈다. 최윤경 트레이너님은 스포츠트레이너라는 직업을 진심으로 즐기고 있다는 것이 느껴질 만큼 인터뷰 내내 밝은 표정이었고 그의 긍정적인 에너지가 회원들의 **빠른 회복**을 도울 것이라는 생각이 들었다.

특유의 긍정적인 모습이 있었기에 여성 트레이너를 바라보는 주위의 편견 속에서도 꿋꿋하게 밝은 모습을 유지하고 발전하여 회원들을 즐겁게 해줄 수 있는, 전문성을 겸비한 트레이너로 거듭났다는 생각이 든다.

◐ 윤병재 우리카드 위비 프로배구단 트레이너

평소 우리카드 위비 프로배구단의 팬이었던 나는 윤병재 트레이너님과의 인터뷰를 설레는 마음으로 기다렸다. 특히나 내가 좋아하는 팀의 트레이너라니 더욱 궁금했다. 사실 섭외 요청을 드렸던 시기가 한참 시즌 중이었는데 바쁜 와중에도 연락을 받아주셨고, 시즌이 끝나자마자 인터뷰에 응해주셔서 너무나도 감사했다.

윤병재 트레이너님은 선한 인상을 가지고 있는 분이지만 카리스마 또한 느껴졌다. 구단에 관련된 이야기를 할 때는 냉철하고 프로페셔널한 트레이너의 모습을, 선수들에 관련된 이야기를 할 때는 선수들을 배려하는 마음과 섬세한 모습을 느낄 수 있었다. 트레이너님의 듬직한 모습에서 선수들도 그를 의지하고 있을 거라는 생각이 들었다. 앞으로도 한층 더 업그레이드된 프로페셔널한 트레이너로서의 그의 모습을 기대한다.

◐ 김한나 국가대표 루지팀 의무트레이너

인터뷰 내내 선수들 걱정과 이야기만 하던 김한나 트레이너님은 어떤 질문을 드려도 항상 선수들의 이야기를 제일 많이 하셨는데, 그의 그런 모습에서 자신보다도 선수를 먼저 생각하고 사랑하는 마음이 느껴졌다. 항상 인복이 많아 좋은 사람들을 만나왔다는 김한나 트레이너님. 나는 인터뷰를 하며 사실 그가 좋은 사람이기 때문에 항상 좋은 사람들만 만났던 것이라는 생각이 들었다.

사실 인터뷰가 진행되는 동안 트레이너님에게 비인기 종목에 대해 들으면서 비인기 종목의 환경이 아직까지는 열악하다는 사실에 마음이 아팠다. 종목에 대한 선호도와 인지도에 따라 선수들의 트레이닝 환경도 달라질 수 있다는 사실도 알게 되었다. 그럼에도 주어진 환경에서 선수들을 위해 묵묵히 맡은 일에 최선을 다하고 있는 그와 많은 트레이너님들의 모습에 박수를 보내고 싶다.